素養教育

成就每一個孩子

十二年國教一〇八課綱的願景與挑戰

韓國棟 著

推薦序
RECOMMENDED

新課綱現場自發、互動與共好的學習風貌

教育部部長　潘文忠

臺灣歷經幾次教育變革，隨著自由與民主的深化，教育政策逐漸從國家教育權觀點轉向更重視學生學習權，而《十二年國民基本教育課程綱要》以成就每一個孩子——適性揚才、終身學習為願景，更具有跨時代與邁向未來的意義與價值。本書作者韓國棟先生曾經擔任國中教師，而後從事教育記者工作至今三十年有餘，可謂是教育資深觀察紀錄者。

欣見本書出版，看見他對歷年來教育改革的觀點，更難得的是，韓先生以記者精鍊

的文筆，能夠從關心十二年國教課程綱要的讀者角度，將課綱理念內涵以ＱＡ形式提綱挈領解析，歸結課綱亮點讓各界讀者重點掌握課綱特色；同時，走入中小學學校現場，記錄下真實的聲音與實踐故事，透過他的筆，看見了令人感佩的學校領導者和教師們的努力與貢獻，感受到自發、互動與共好的學習風貌在校園裡漸綻芬芳。

誠如本書首章揭示：成就每一個孩子為教改核心價值；而課程綱要是學生學習的羅盤，面對挑戰，所有教育夥伴和孩子無不投入學習，看見越來越多家長們關心課綱進而支持學校課程教學，一起成為具有自主行動、溝通互動、社會參與核心素養的終身學習者，為更幸福美好的未來世界展開行動。相信本書出版，讓更多人認識十二年國教課綱之外，也看見長期默默投入教育改革的夥伴們，包含韓先生，發揮己力，透過教育，成就每一個孩子。

新課綱時代的教育核心價值

教育部國民及學前教育署署長　彭富源

「因材施教」、「適性揚才」，進而「成就每一個孩子」，是教育最核心的理念，每位教育工作者也將此理念謹記在心，持續在教育現場貢獻心力、培育英才。我國自九年國民義務教育，到現行的十二年國民基本教育一路走來，教學與學生輔導的方式不斷與時俱進，不僅呼應國際趨勢，更重視在地連結。但不論如何改革，都在引領每位學生成為更好的自己，這樣的教育精神不會改變。

十二年國民基本教育自一〇三年八月實施，同年十一月，教育部發布「十二年國民基本教育課程綱要總綱」，並由各領域研修小組研訂各領綱後，送至課審會審議。十二年國教課綱（新課綱）的審議是項重大工程，教育部邀集各界代表擔任課審委員，密集進行了一九三場次課審大會，歷經二年六個月又二十九天的集思廣益與意見整合，終於完成此一重大教育工程，並順利於一〇八學年度正式實施，為我國國民基本教育展開新頁。

新課綱以「核心素養」為課程發展之主軸，進行「國民教育」及「高級中等教育」間的連貫與統整，透過「素養導向」的課程與教學，落實適性揚才教育，成就每一個孩子，培養具備終身學習、社會關懷、國際視野的優質國民；新課綱不偏重學科知識及技能之獲取，強調學習與生活的連結，以培養學生具備「知識、能力、態度」，且能面對問題、分析問題、思考問題、解決問題，並不斷引導學生自我探索、追求夢想，成為一位終身學習者。

欣見《素養教育：成就每一個孩子（十二年國教一〇八課綱的願景與挑戰）》一書對新課綱進行深入、完整且專業的探討。從「成就每一個孩子」的教育核心價值，剖析教育改革的原因，並綜合整理歷任教育部長的努力，見證臺灣教育改革的歷史軌跡；新課綱的種種議題，也精心整理出三十五則必讀QA，以簡明易懂的方式，引領讀者更瞭解新課綱；令人感動的是本書也深入全國不同教育階段的學校，以多元角度論述新課綱所帶來的校園改變，並反映教育現場的心聲；最後，再歸納出五大亮點與二大挑戰，作為對新課綱的肯定與期許。本署為國民基本教育的主管機關，除要對本書表達由衷感佩之意，更將持續自我精進，讓莘莘學子皆能在新課綱時代的良好教育環境中學習與成長。

我的孩子目前就讀國小，他喜歡繪畫，有時興致來了，全神貫注畫二、三個小時，中間不休息也不喊累；他的記憶力很好，數理邏輯能力也不錯；他很不會打籃球，運球、接球、傳球、投籃都不擅長，怎麼練都練不好，奇怪的是，他的游泳天分絕佳，下水幾次，沒有教練教，就學會了抬頭蛙，而且可以沿著泳池游上七、八圈，中途都不用停下來休息，旁人看了都嚇一跳。

他的興趣很奇特，喜歡研究記憶山的高度。如果你問他大霸尖山的高度，他會脫口告訴你：「大霸尖山的高度現在是三千四百九十，以前是三千四百九十二，在臺灣百岳中排名第二十八名。」

從孩子身上，我更能體會美國哈佛大學教授加納（Howard Gardner）所提出的多元智慧理論，每個孩子都擁有一套多元智慧的組合，學校教育應發掘出孩子的多元智慧，並引導孩子朝多元智慧的強項去發展。

身為一個家長，我對學校教育的期許，是讓孩子的多元智能得到充分的發展。天下父母心，相信任何一個家長對學校教育的期許都和我一樣——**「教育應該要能夠成就每一個孩子，不能放棄任何一個孩子。」**

曾經我也是老師，臺灣師大畢業後，在國中教過幾年書，後來轉換跑道到媒體，持續深入觀察臺灣教育，在自己又是國小學生的家長，對於第一線的教育現況，有更切身的體會。

國內教育始終難以擺脫升學主義的禁錮，尤其是國高中教育，因為學生要面臨升學考試，長期以來，多偏重學科教育，輕忽了學生在其他方面多元智慧的發展。

十二年國教已實施多年，十二年國教課綱也於一〇八學年度上路。新課綱的願景，標榜的就是「成就每一個孩子」，而這個願景，也是每一個家長對國內教育的期許。

一〇八課綱實施已滿一年，為了落實這個願景，學校教育發生了哪些改變？還要面對哪些挑戰？這些都是本書關注的焦點。

本書第一章先闡述「成就每一個孩子」的真義，第二章透過QA的方式解析新課綱的完整樣貌和重要改變，第三章進一步觀察幾所中小學校實施新課綱之後所帶來的改變，第四章則是總結新課綱實施一年後的亮點和仍須面對的挑戰。

本書撰寫期間，承蒙教育部廖興國主任秘書、國家教育研究院洪詠善研究員和國教署專門委員林琬琪等多位專家提供專業諮詢，加持了本書的精確性和可讀性，在此表達由衷的感謝。最後期盼所有的教育工作者和家長們共同努力，為臺灣教育打造出更美好的明天，成就每一個孩子。

目錄 CONTENTS

CHAPTER 3

迎向翻轉的浪潮　校園改變ing

CHAPTER 4

十二年國教課綱的五大亮點與二大挑戰

CHAPTER

1

教改核心價值
成就每一個孩子

一、為什麼教改

宋朝詩人蘇東坡有一次和友人同遊廬山，看到廬山的壯麗多變，不禁詩性大發，寫下千古傳誦的詩句：

橫看成嶺側成峰，遠近高低各不同。
不識廬山真面目，只緣身在此山中。

臺灣推動教改三十年了，對於教改的評價，褒褒貶貶，各有不同，不就像蘇軾所寫的這首詩一樣，就是因為大家身處在教改的大環境裡面，關心的焦點各有不同，卻忽略了教改的核心價值是什麼。

為什麼要教改？教改的核心價值是什麼？

我是臺灣師範大學七十二級的校友，七十二級的意思就是民國七十二年從師大畢業，分發到國中任教。我在國中擔任一年導師後，入伍服役一年十個半月，再回到原國中，當了兩年的訓育組長兼管理組長（現在的名稱是「生活教育組長」，簡稱「生教組長」）。當時，我任教的國中實施非常嚴格的能力分班，從國一開始，學生就被分成「前段班」（即升學班）和「後段班」（即放牛班）。每個年級六班，前段班有二班，後段班有四班，學校的教育資源大部分都放在學生人數占三分之一的前段班學生身上，人數占三分之二的後段班學生，可說是被放棄的一群。身為訓育組長兼管理組長的我，感受尤其深刻。

看到有些孩子，國一剛進來的模樣天真可愛，但被分入後段班後，到了國三，天真的模樣變了，有些走入歧途。

三十多年前的一個下午，一名學生和我的對話，讓我挫折得迄今仍深深刻在我的腦海裡。

當時，快放學了，我看到這名學生在學校的後門附近逗留，好像在等什麼人，我走了過去，問他在那兒做什麼。

「老師，你去過舞廳沒有？」他沒有正面回答，卻冒出這麼突兀的一句話。我跟他說，沒有。他接著有些得意地說：「我現在在舞廳當保鏢。老師知道嗎？到舞廳喝酒要花很多錢，我都不用花錢！」他的話猶如晴天裡突然迸出的雷電，讓我震驚萬分。

這名學生的父親是賣臭豆腐的，他的哥哥比他大兩屆，七十二年我剛進學校擔任導師時，他哥哥就是我班上的學生，我還到過他家去做家庭訪問。

這名學生有大哥的氣勢，在學校裡，總有一群同學跟著他。我擔心他誤入歧途，因此誠心地對他說：「馬上就要畢業了，要替將來多想想，如果不升學，就要去學個技術，千萬不要去當保鏢！」

當然，我很清楚，這麼幾句話是打動不了他的。我的心情頓時變得沉重，有一種說不出的難受和無力感。

管理組長的工作是吃力的。我每天上午七點以前要騎車到好幾公里以外的社區，督導學生排路隊坐公車上學。最後一個學生上車後，再趕緊騎車回學校管理全校學生秩序。忙完升旗典禮後，還要備課、上課。其實這些事我都樂意做，不以為苦，而真正困擾我的，也可說是困擾大部分國中管理組長的，是校外不良少年勾搭學校的學生，欺壓同學、打架滋事。因此，當時各地區的國中管理組長和高中職教官，每隔一段時間就會聚在一起開會，分享彼此經驗。

記得有一次開會，一名經驗豐富的資深管理組長說，很多附近的不良少年，是他們學校畢業的，因為管理組長做久了，多半都認識，只要和他們關係打好了，就不會到學校來鬧事；甚至學校內有些會鬧事、老師管不住的學生，只要請校外的「大哥」跟這些校內的「小弟」說一聲，他們在學校就乖多了。

當時我心想，這種畸形的現象，就是不正常的升學主義、不正常的能力分班所造成的。

當時的家長，努力地讓孩子補習，進入國中的「好班」，高中職五專聯招時再考進「好學校」。後段班的學生，有些國中沒畢業就輟學，有些國中畢業後不升學也不就業，虛耗青春，也變成社會問題。

我厭惡能力分班，無法忍受不正常的國中教育。七十七年辭去教職，去讀研究所。七十九年進入《中時晚報》當記者，主跑教育新聞，在《中時晚報》和《中國時報》跑了將近二十年的教育新聞，離開時報隔了四年之後，又做了兩年多的《國語日報》總編輯，關注的也是教育新聞。主跑過毛高文、郭為藩、吳京、林清江……等十多任的教育部長，他們一棒接一棒地持續推動教改。

毛高文開啟高中職免試入學和大學多元入學之門

民國七十九年我剛進《中時晚報》的時候，教育部長是毛高文。他做了將近六年的部長，這段期間，正值臺灣解嚴後社會運動風起雲湧的年代，其中包括教育改革運動。毛高文推崇孔子的有教無類和因材施教，他認為升學主義對國民教育的後段班學生造成很大傷害，所以要推動常態編班和「國中生自願就學方案」（也就是高中職免試入學方案），以及大學多元入學方案。

民國八十年七月，他在我的一篇專訪新聞中明確宣示「國中生免試升學將於八十三學年度全面實施」，這篇新聞刊出後，在當時引發極大震撼。以下是當時刊出的部分內容：

「今年年初的一次行政院會中，院長及很多與會首長都說當前的國中教育有問題，當時我一句話都沒有說。那段時間確實是教育部推動改革的低潮，讓人覺得似乎大家都很關心教育，只有教育部不關心教育。但是教育問題是長期累積下來的，大家都不知道教育部採取的是『圍剿策略』，實際上那段時間已『圍剿』得差不多了，否則怎麼可能在極短時間內就陸續展開各項國中教學正常化措施及肅貪行動。在推動教育改革之前，我隱忍了很久，但是在時機未成熟前，我不敢貿然行動。推動改革之後，我承受了很多壓力，也得罪了很多人，大家現在不但不擔心教育部不改革，反而擔心教育部改革的步調太快。不過，教育部絕不會說空話，改革工作一定會持續下去，最終的目標就是破除聯考，使五育均衡發展。」

「導正國中教學正常化，經過長期反覆思維的結果，破除聯招是最根本的，不過免試升學方案，預計實驗三年、評估一年後正式實施，目前已實驗了一年，預計八十三年可全面實施。免試升高中職方案實驗一年的情形，頗受好評。」

「在推行免試升高中職方案之初，各界反彈聲音很大，是因為明星高中的問題沒有解決，大家仍然要爭成績。而目前推動的聯招命題適切合理化工作正足以淡化明星高中，三年之後實施免試升高中職方案，時機將非常成熟。」

因為自學方案要採計國中在校成績，當時引發極大的反彈。即使是現在實施的十二年國教，國中生也還沒有建置學生學習歷程檔案，大學招生也要等到一一一學年度才會參採學生學習歷程。國中生自願就學方案在當時真可說是革命性的改革，雖然最後在反彈聲中改成小規模試辦，卻啟動了後續一連串的教育改革之路。

毛高文在部長任內成立大考中心，研擬大學多元入學方案，也影響了之後二、三十年的大學招生走向。

郭為藩推動十年國教

民國八十二年二月毛高文卸任，郭為藩接任教育部長後，他也非常關心學業弱勢和家庭經濟弱勢學生的未來發展，於是在同年七月就發布了〈發展與改進國中技藝教育方案——邁向十年國教目標〉。

郭為藩認為當時國民教育最迫切解決的，是國中畢業後未升學未就業的問題，如果能夠讓他們在國三時先接受技藝教育，國中畢業後再進入職校接受一年的技能培育，學費全免，這不就等於讓所有學生至少都接受了十年的國民教育？這樣做，一方面可以提供他們一個習得一技之長的機會，另方面也可以化解一些國中畢業後未升學未就業青少年所帶來的社會問題。

技藝班是個成功的政策，持續推行迄今。我曾採訪新北市海山高工（現更名新北高工）實用技能班（十二年國教實施後更名為實用技能學程）的同學，其中有一名汽修科學生說，他基本學力測驗（十二年國教實施後更名國中會考）的總分只有六十分（當時基測的總分為三〇〇分），若不是國三參加技藝班，怎麼可能進入國立的高工就讀。雖然他上的是夜間部，但是對他反而更好，因為白天可以到汽車修護場工作，學習技術，又能夠賺錢，晚上再到學校上課，每天過得非常充實。

他說，國中時很不喜歡讀書，所以基本學力測驗總共只考了六十分，但是在實用技能班，因為汽修技術學得很好，要代表學校參加全國際能競賽。從他的言談中發現，他對自己充滿了自信，他很慶幸自己走對了路。因為在實用技能班的表現不錯，他也興起了繼續升學的念頭，開始利用時間努力學習英文和數學等學科。

吳京推動技職第二國道，全力落實常態編班

民國八十五年六月吳京接任教育部長後，全力推動技職教育。他說普通高中和大學是「第一國道」，技職教育體系是「第二國道」，他期使技職學生的升學之路也能通暢無阻。

吳京在部長任內，尤其用心於落實國中常態編班。當時，他接受我的採訪時說道，接任教育部長之後，念茲在茲的是「一千萬隻眼睛的期待」（一千萬隻眼睛，相當於五百萬對眼睛，即五百萬中小學生），而且每每想到這千萬隻眼睛的期待，就倍感壓力沉重。他說，當時的教育較關注學業成績在前段的三、四成學生，忽略了學業成績在後段的六、七成學生，因此教育部不僅在宣導上，同時也在政策上全力落實國中常態編班。

吳京接任部長前，大學主要的招生管道有推薦甄選和聯招考試，但他認為申請入學也是很好的入學管道，因此在他大力的推動之下，申請入學也成了大學多元入學的管道之一，而且發展至今，成了極重要的管道。

林清江廢除高中職五專聯招，推動九年一貫課綱

民國六十八年我進入臺灣師大就讀的時候，校長是郭為藩，訓導長是林清江。當時他們兩人是很多師大學生崇拜的對象。民國七十二年我從師大畢業分發到國中任教的時候，林清江是臺灣省教育廳長，他任廳長時，雷厲風行，對學校老師的要求非常嚴格，要寫教案，也要自製教具。

因為他做過教育廳長，對中小學教育有相當程度的瞭解，因此民國八十七年二月接任教育部長後，五月就宣布，從九十學年度起，高中、高職及五專聯招將同步廢除，改以一年舉辦多次「國中基本學力測驗」取代，同時向大學招生策進會建議同步改進大學入學考試方式，改以考招分離方式辦理。

隔月（六月）就確認高中多元入學方案的入學管道包括：推薦甄選、申請入學、學科基本學力測驗、自學方案、資優甄試及免試保送等六項，考生可申請跨區分發。

林清江很講求效率，改革速度非常快，主持會議也快，而且要有結論，因此官員在開會前一定要有充分的準備；他講話速度快，而且流暢有重點；他連走路都快，教育部

大門前有階梯，我每次看到他走進大門時，都是一腳跨兩階，大踏步快速行走。有一次採訪時，我忍不住問他，為什麼走路那麼急那麼快？他答道，要做的事太多，不快不行。

他宣布九十學年度起就要廢除高中五專聯招，入學方式變了，課程當然也要跟著調整，因此林清江在部長任內也積極規劃九年一貫課綱。

楊朝祥積極規劃三年內實施十二年國教

民國七十九年我剛進《中時晚報》跑教育部新聞的時候，楊朝祥是教育部常務次長。楊朝祥擔任過教育部技職司長、常務次長和政務次長，從民國七十五年到八十六年，在教育部任職的時間長達十一年，不但嫻熟教育部事務，而且有很強的企劃和執行能力。

因此在十一個月的部長任內（八十八年六月至八十九年五月），他落實了林清江部長任內的重要政策，規劃國中基本學力測驗；確定國民教育階段的九年一貫課程於九十學年度起逐年分階段實施，九十三學年度全面實施，新課綱分為七大學習領域，以合科教學取代分科教學；也通過了大學招生策進會〈大學多元入學方案〉，自九十一學年度起正式實施「考招分離」，考生可甄選入學、考試分發兩方式進入大學。

他還組成了「延長國民基本教育年限規劃委員會」、「工作小組」和「研究小組」，積極規劃要在三年內實施十二年國教。

曾志朗落實國中基本學力測驗

教育改革就像一場接力賽，不分藍綠，一棒接著一棒傳承下去。

二〇〇〇年，也就是民國八十九年，總統大選政黨輪替，五月新內閣組成，曾志朗接任教育部長。隔年三月就是林清江於教育部長任內宣布要實施國中基本學力測驗的時間了，曾志朗和當時的政務次長范巽綠傾全力落實了這項教改新施政。

國中基本學力測驗第一次測驗於九十年三月三十一日、四月一日在全國各地區十八個試務區舉行，超過三十一萬名學生報考。此後，國中基本學力測驗取代了施行四十二年的高中聯考，直到民國一〇三年實施十二年國教免試入學之後，國中基本學力測驗再被國中教育會考取代。

國中基本學力測驗採用的是「量尺分數」，因此所有測驗，包括國文，都是選擇題。為了量尺分數而廢考作文，我當時寫了新聞評論，批評這種作法是「削足適履」。

國中基本學力測驗最原始的設計，是「標準參照」形式使用，僅作為國中生升學高中的一部分參考依據，但最後在社會輿論和家長團體的壓力下改為「常模參照」形式使用，並作為升高中的主要參考依據。

由此足見升學主義之根深蒂固，國中基本學力測驗取代了高中聯考，卻儼然成為另一項更大規模的招生考試。因此改革之路不能停歇，僅隔兩個月，也就是五月，教育部就發布了〈高中職社區化推動方案〉，藉由高中職社區化逐步提升社區高中職的辦學品質，淡化明星高中的迷思，為推動十二年國教做打底的工作。

黃榮村將國教向下延伸一年分三階段實施

民國九十一年二月黃榮村接任教育部長時，各項教改施政紛至沓來，包括大學多元入學方案、高中職五專聯合分發第一次實施、九年一貫課程全面推動，加上建構式數學和各項入學考試引發的立即性爭議，讓教育部忙於應付。黃榮村形容當時的情況猶如「八方風雨會中州」。

長期投入臺灣教改的黃榮村，善於和家長團體、教師團體和教改團體溝通，推動教改施政循序漸進不冒進。隔年七月他宣布國教向下延伸一年政策將分三階段，九十三學年度先試辦離島地區，九十四學年度納入全國五十四個原住民鄉鎮，九十五學年度全面實施。國教向下延伸一年至五歲幼兒，採非義務化、非強迫性的民主機制，初步採補助學費的方案。

同年九月教育部召開全國教育發展會議，達成階段性推動十二年國民教育的共識，黃榮村當時說明十二年國教的期程，要先拉齊後期中等教育水準，評估高中職社區化的程度，三年後再檢討規劃如何實施十二年國教。

杜正勝推動臺灣主體性教育，國中基測加考寫作測驗，成立十二年國教辦公室

民國九十三年五月杜正勝接任教育部長後，提出「現代國民」、「臺灣主體」、「全球視野」和「社會關懷」四大施政主軸。為了落實臺灣主體性教育，他在上任三個多月後，就宣布從九十四學年度起全面提升國中小社會課程本土教材的比重，至少需達五〇％。

杜正勝認為教育應以培養現代化國家的國民為目標，現代化國家國民應具備的素養，最基本的，就是語文能力。而語文能力的表現，一個是說，一個是寫，國中基本學力測驗無法測驗說的能力，但是能測驗寫的能力，因此他要求教育部和心測中心克服一切困難，國中基測加考寫作測驗。

十月中旬，杜正勝接任部長還不滿五個月，教育部就宣布國中基測決定加考作文，九十五學年試辦，九十六學年起正式列入考科。隔年七月教育部規劃完成國中基測加考寫作測驗實施方案，寫作測驗成績以「六等第」（六級分）呈現，考後集中國家教育研

究院閱卷，閱卷老師來自全國各地，規模空前龐大。寫作測驗採「引導式」寫作，只考一題，測驗時間五十分鐘，評分依據文章的「立意與取材」、「結構組織」、「遣詞造句」和「標點符號、格式與錯字」等四個部分逐項給分。基測加考寫作測驗影響深遠，迄今仍持續進行。

為持續推動十二年國教，教育部於九十六年三月成立十二年國民基本教育專案辦公室。

九十七年五月，鄭瑞城接任教育部長，同年十二月教育部修正發布〈十二年國民基本教育計畫〉及〈十二年國民基本教育先導計畫〉。

吳清基正式啟動十二年國民基本教育

民國七十九年我剛進《中時晚報》跑教育部新聞時，吳清基是中教司長，後來歷練過技職司長、教育部常務次長、政務次長和臺北市教育局長，教育的學經歷豐富。九十八年九月，他接任部長後，積極展開十二年國教的各項準備工作，民國一〇〇年元旦，由總統馬英九宣示啟動十二年國民基本教育，分階段逐步實施，先從高職做起，預定一○三年高中職學生全面免學費、大部分免試入學。

一○○年一月，大學多元入學「繁星計畫」與「學校推薦」整併為「繁星推薦」。同年九月，行政院核定〈十二年國民基本教育實施計畫〉，計畫包含七大工作要項（共十個方案）及十一項配套措施（共十九個方案），總共二十九個方案。

從毛高文推動高中職免試入學開始，到吳清基正式啟動十二年國教免試入學，已歷經了二十多個年頭。每一項教改施政推出後，誠如本文開頭所寫的，大家關注的焦點不同，褒褒貶貶，評價不一。

蔣偉寧全面實施十二年國教免學費和免試入學

吳清基推動十二年國教的「壯志未酬」，就被換下來了。一○一年二月蔣偉寧接任教育部長。蔣偉寧是一位務實的學者，他接掌教育部之後，就積極展開十二年國教上路前的各項準備工作。

一〇一年六月國中基測由二次改為一次，一〇一學年度的免試入學招生比率提高至五十五%。一〇二年八月發布〈高級中等學校多元入學招生辦法〉及〈一〇三學年度高級中等學校免試就學區及共同就學區規劃〉。隔年五月，首屆國中會考展開，考試科目包括國文、英文、數學、社會、自然和寫作測驗。

一〇三年八月，十二年國民基本教育全面實施。十二年國教分兩階段，前九年為國民教育，依〈國民教育法〉及〈強迫入學條例〉規定辦理，對象為六至十五歲學齡的國民，主要內涵為：普及、義務、強迫入學、免費入學、以政府辦理為原則、劃分學區免試入學、單一型學校，以及施以普通教育。後三年為高級中等教育，高級中等教育階段的對象為十五歲以上的國民，主要內涵為：普及、自願非強迫入學、免學費、公私立學校並行、免試入學為主、學校類型多元，以及普通與職業教育兼顧。

吳思華發布十二年國民基本教育課程綱要總綱

蔣偉寧部長任內，十二年國教的免學費和免試入學上路了，但十二年國教課綱並沒有同時上路，學校的課程還是原先的九年一貫課綱和高中職課綱。一〇三年八月吳思華接任教育部長，同年十一月教育部宣布自一〇八學年度起，十二年國教課綱將依照不同教育階段（國民小學、國民中學及高級中等學校一年級起）逐年實施。

潘文忠研修、審議與落實十二年國教課綱

一〇五年五月，政黨再度輪替，潘文忠接任教育部長。

潘文忠在蘇貞昌主政臺北縣（新北市）期間，歷練過文化局長和教育局長，杜正勝任教育部長期間，被聘到教育部擔任國教司長，因表現搶眼，當時被不少教育界人士譽為「最幹練的國教司長」之一。之後歷練過教育部主任秘書和國立編譯館館長。國立編譯館被併入國家教育研究院之後，被任用為國教院副院長，規劃十二年國教課綱是他當時負責的重要工作之一。

政黨輪替後，教育的最大挑戰仍然是十二年國教，尤其是課綱的修訂。潘文忠接掌教育部之後，全心全力投入課綱修訂，並研訂相關配套措施。一〇六年四月教育部核定

通過一一一學年度實施的〈大學多元入學方案〉。隔月再發布〈十二年國民基本教育課程總綱〉，各領綱陸續發布，一〇八年八月開始逐年實施。十二年國教課綱的重要配套措施〈高級中等學校教育階段學生學習歷程檔案作業要點〉也於一〇六年七月發布。

經過長期的推動和磨合，十二年國教課綱終於在一〇八學年上路了。

二、教改的核心價值

學校教育有三大要素：課程、教師和教學。而課程、教師和教學的基礎就是課綱，一〇八課綱上路後，十二年國教才可說是完整上路了。十二年國教課綱上路，堪稱是民國五十七年實施九年國教之後最重要的教改施政。

十二年國教課綱絕非憑空而降的，而是循著教改的軌跡長期推動磨合而來的；更重要的是，這個教改軌跡都朝著同一個方向前進，那就是不放棄每一個孩子，要把每一個孩子都帶上來。

孔子說「吾道一以貫之」，臺灣教改的核心價值也是「一以貫之」。這個「一」就是不放棄每個孩子，把每個孩子都帶上來。用更精簡的話來說，就是「成就每一個孩子」。

「成就每一個孩子」是十二年國教課綱的願景，而課綱在這句話後面又加了「適性揚才」和「終身學習」兩個詞。「成就每一個孩子——適性揚才、終身學習。」這整句話該怎樣解讀？

每一個孩子都有多元智能中的某些特質

我們可以先解讀「每一個孩子」和「適性揚才」這兩個詞。

孔子的教育理念是「有教無類」和「因材施教」。「有教無類」指的是教育的對象是每一個學生，不分富貴貧賤和聰智愚劣；「因材施教」指的是教學方式要適性揚才。

在過去的升學主義能力分班的年代，國中生被分成前段班和後段班，分班的依據是學生的國英數等學科成績的優劣。當時有很多支持能力分班的人辯稱，能力分班就是奉行孔子的「因材施教」。反對能力分班、支持常態編班的人則用「有教無類」來駁斥。

從支持能力分班和支持常態編班的說法來看，「有教無類」和「因材施教」好像是矛盾的。事實不然，如前所述，有教無類指的是施教對象，因材施教指的是教學方式，這兩個概念完全不矛盾，而且相輔相成。

再者，用「學科成績」作為評量學生「能力」的依據，也是不科學、不合教育理念的作法，因為每個孩子除了學科的學習能力之外，還有其他的能力。

美國哈佛大學教授加德納於一九八三年提出「多元智能理論」，打破傳統學校教育偏重數理和語文能力的思維。他指出每一個孩子都具有八種多元智能的某些特質。八項多元智能包括：數理邏輯、語文、空間觀念、肢體動覺、音樂、人際關係、自我省思和自然觀察。

每個孩子都有獨特的天賦，教育就是要把每個孩子多元智能的強項引導出來，適性揚才。

成就需要知識、能力和努力來達成，需要終身學習

接下來我們再解讀「成就」和「終身學習」這兩個概念。

什麼是成就？成就是動詞還是名詞？

中華文化總會出版的《中華語文大辭典》對成就的解釋：一、事業上的成績。例如：學術成就、藝術成就。二、完成、造就。例如：成就一番事業。依據上述解釋，事業上的成績是做名詞使用。完成、造就是做動詞使用。

成就的英文是achieve和achievement。前者是動詞，後者是名詞。

網路版Cambridge Dictionary (Cambridge University Press) 對achieve的解釋是：to succeed in finishing something or reaching an aim, especially after a lot of work or effort. 對achievement的解釋是：something very good and difficult that you have succeeded in doing.

根據以上解釋，成就一詞，可做名詞，也可做動詞使用。如果做名詞用，意思是：一件正向的、有難度的事，這件事要經過很多努力才能完成。如果做動詞用，意思是：經過很多努力之後完成了一件正向且有難度的事，或達到了一個正向且有難度的目標。

總之，不論名詞或動詞，「成就」都有兩個要素：第一、要達成的事或目標是正向且有難度的；第二、要達成的事或目標是要經過很多努力的。

人的一生，要歷練的事，要接受的挑戰，不可勝數。人的一生，不可能只有一個目標、只成就一件事；人生有無數個目標，有大有小，有難有易，等著你去挑戰、去超越，有些目標可以達成，有些目標不能達成，能否達成這些目標或完成這些事，需要知識、技能和努力。例如，你設定了一個泳渡日月潭的目標，你就必須學會長泳的相關知識和技能，並努力的訓練體能。人生的挑戰不斷，需要終身學習去迎接挑戰以獲致成就。

做最好的自己

根據以上的解說，「成就每一個孩子──適性揚才、終身學習」這整句話，我們可以歸結出以下重點：

1. 成就是跟自己的競賽，未必要跟別人比。因為每個人的多元智能特質不同，要引導學生找出自己的多元智能強項認真學習，讓他們突破自我，做最好的自己。

2. 成就需要學習知識、技能，還要有上進心，這就是一〇八課綱所強調的「素養」。人的一生有很多要達成的目標，所以要終身學習。

3. 人生可以設定許多目標，目標有大有小，難度也有高有低，要引導學生依據個人的興趣、性向和能力訂定若干較遠大、較崇高的目標。

CHAPTER

2

認識十二年國教課綱 35則必讀QA

教育的三大要素是課程、師資和教學。每一所學校都有自己的課程和師資，老師依據課程對學生進行教學。學校的課程必須依據課綱訂定。現行的課綱是民國一〇八年八月開始實施的，所以簡稱為「一〇八課綱」。

教育部於民國一〇三年八月開始實施十二年國民基本教育，實施之初，和先前實施的九年國民義務教育相較，主要的改變是「免學費」和「免試入學」，課綱則仍在研修中，此一階段實施的十二年國教，可說是不完整的十二年國教。一〇八學年開始實施十二年國教課綱之後，十二年國教才算完整上路了。

一〇八課綱，就是十二年國教課綱。

十二年國教課綱以學生的學習和成長為主體，從「孩子到底需要什麼」開始規劃，歷經十年研修。十二年國教課綱實施後，我們的中小學的教學會發生什麼樣的改變？本章將從以下八大面向，整理成三十五則QA，幫助讀者在最短的時間內認識十二年國教課綱的完整面貌。

一、素養導向的教學

Q01 什麼是素養？

A…

迎接二十一世紀到來之際，聯合國教科文組織提出了五大學習支柱：learning to know, learning to do, learning to live together, learning to be, learning to change。當今的教育，我們除了教導孩子重要的基本知識之外，還必須教導孩子如何自我學習，學會運用知識去解決問題，學會如何和別人合作及共同生活，能夠適性揚才、發揮所長，能夠在這個瞬息萬變的世界隨機應變、掌握契機。

十二年國教課綱也順應這個國際教育趨勢，將新課綱調整為「素養導向」的教學。

何謂素養？一〇八課綱指出：核心素養（core competency），代表「一個人為適應現在生活和面對未來挑戰，應該具備知識、能力和態度」。不是將知識就只是冷冰冰的背誦和記憶，重點是跟生活情境有連結。不是用抽象的知識，而是從學生在日常生活裡面的體驗累積知識，自然而然地學習。

新課綱強調，過去的教育，著重知識的學習；現在的一〇八課綱，更在乎學生運用知識的能力

對於「素養」的解釋，很多人都覺得抽象、難理解。

我曾在龍華科大附近住過一段時間，龍華校園依著山坡而上，校園中央有一個廣場，廣場旁的高樓牆面上有個大看板，看板上有幾個英文字母，排列成一個方程式：$C=(K+S)^{A}$

這個看板非常醒目，是龍華校園中極大的特色，它告訴龍華的學生，到學校不僅要學習知識（Knowledge）和技能（Skill），還要學習態度（Attitude），如果只用一個詞來說，就是素養（Competence）。

Competence在劍橋英語辭典中的解釋是：the ability to do something well。要把一件事做好，同時需要知識、技能和態度。

什麼是素養，我認為這個公式最簡明易懂，素養（C）就等於知識（K）加上技能

（S）的態度（A）次方。

Q02 學生要怎樣培養素養？

A

學生素養的提升，需要學校好的課程設計。例如位於基隆市友蚋生態園區內的復興國小，有一項藍染的特色教學。藍染課程需要學習知識，也要動手操作，而且從藍染的知識學習和動手實作之中，陶冶了孩子文化和美感的涵養。這整體的學習效益就是素養。要把藍染做好，知識、技能和態度缺一不可。

再舉一個例子，新北市樟樹國際實創高中的國文課，有一回老師要學生寫的作文題目和登山有關，於是老師就帶學生去爬汐止的大尖山，將學習融入生活情境中，讓學生有親身的感受之後，再引導學生將自身感受的意境拉高，然後用文字通暢而深刻的表達出來。這整個過程，學生學習到的，也不是單一的知識或寫作技巧而已，而是素養的提升。

新課綱想要改變過去死背、死讀書的學習方式，希望讓學生能活用知識，建立自發主動學習的態度。因此在教學上要能從生活情境做連結，讓學生不僅能發現問題，還能進而解決問題，而這也是新課綱所強調的素養。

Q03 素養怎樣評量？素養可以靠補習提升嗎？

A…

素養是the ability to do something well. 素養是知識結合技能與態度，並轉化活用於生活，以及解決各類問題的能力。素養評量的考題，最好的呈現方式就是以下三種：

1. 閱讀理解：閱讀理解將會是新課綱鑑別、評量學生學習成果的重要方法，學生準備學科考試，除了融會貫通之外，還要養成廣泛閱讀的習慣。
2. 跨領域題型：例如國文科會以科普文章作為考試的選文；英語科的選文會涉及社會議題；數學科會將選舉計票融入試題；自然科與社會科的試題更是貼近生活，不僅含有學科知識，還要測驗如何將知識應用於探究的過程。

3. 生活情境題型：因此要學習活用知識，累積日常生活問題的解決能力。素養需要廣泛閱讀，需要多關心生活周遭和社會、國家、世界發生的事，需要多動手做事，不需要補習。

二、十二年國教課綱對國小的影響

Q04 十二年國教課綱要培養出什麼樣的國小學生？

A…

新課綱要把國小孩子培養成以下的圖像：

1. 低年級：打下未來學習的基礎。
重點在生活習慣與品德的培養，鼓勵學生在生活與實作中主動學習，累積語言與符號運用的基礎能力。

2. 中年級：累積並實踐多元學習能力。開發多元智能，培養多方興趣，協助學生在體驗與實踐的過程中，學會處理生活問題。

3. 高年級：深化學習並培養團體意識。增進判斷是非的能力，在自我探索的同時提高自信心，並養成民主與法治觀。

Q05 新課綱的國小課程有何改變？

A…

新課綱國小的課程如下表：

課程		領域	第一學習階段（一、二年級）	第二學習階段（三、四年級）	第三學習階段（五、六年級）
部定課程	領域學習課程	語文	國語文（6）	國語文（5）	國語文（5）
			本土語文／新住民語文（1）	本土語文／新住民語文（1）	本土語文／新住民語文（1）
				英語文（1）	英語文（2）
		數學	數學（4）	數學（4）	數學（4）
		社會	生活課程（6）	社會（3）	社會（3）
		自然科學		自然科學（3）	自然科學（3）
		藝術		藝術（3）	藝術（3）
		綜合活動		綜合活動（2）	綜合活動（2）
		健康與體育	健康與體育（3）	健康與體育（3）	健康與體育（3）
			20節	25節	26節

校訂課程	彈性學習課程	統整性主題／專題／議題探究課程			
		社團活動與技藝課程	2～4節	3～6節	4～7節
		特殊需求領域課程			
		其他類課程			
學習總節數			22～24節	28～31節	30～33節

1. 國小每節上課時間四十分鐘，學校須依據規範的各領域及彈性學習的學習節數進行課程規劃，各校可以視課程實施及學生學習進度需求，經學校課程發展委員會通過後，彈性調節每節分鐘數與年級、班級的組合。

2. 「新住民語文」是新增的課程。除了先前九年一貫課程的閩南語、客語和原住民語之外，新課綱新增了七種新住民語：越語、印尼語、泰語、柬埔寨語、緬甸語、馬來語、菲律賓語，學生可從本土語言和新住民語言擇一修習，不是每位學生都要學新住民語，也不是每個新住民語言都要學。

3. 第一學習階段，國語文由五節課增加為六節課，第一、二學習階段，數學由三節課增加為四節課，增強孩子基本能力。

4. 電腦課融入各科，鼓勵課程使用科技載具。

5. 低年級每週二至四節、中年級三至六節、高年級四至七節彈性學習課程，讓每一所學校考量學校和學生特色，規劃辦理最適宜的學習活動，並鼓勵教師進行跨領域、科目的協同教學。

6. 重視閱讀素養。國小階段加強閱讀素養，是累積終身學習的重要能力，也是最值得培養的興趣和習慣。

三、十二年國教課綱對國中的影響

Q06 十二年國教課綱要培養出什麼樣的國中學生？

A…

國中階段的學生，身心快速發展，是人生的狂飆期，這段時間是自我探索與人際發展的關鍵。新課綱要培養國中生：

1. 持續提升所有核心素養。
2. 認識自己，進行性向試探。
3. 自主學習，吸收日常生活所需要的知識與能力。
4. 團隊合作，理解與關心生活周遭的人事物，推及社會、國家及全球議題。

Q07 新課綱國中課程有什麼改變？

A…

新課綱國中階段的課程如下表：

領域			第四學習階段（七、八、九年級）
部定課程	領域學習課程	語文	國語文（5）
			英語文（3）
		數學	數學（4）
		社會	社會（3）（歷史、地理、公民與社會）
		自然科學	自然科學（3）（理化、生物、地球科學）
		藝術	藝術（3）（音樂、視覺藝術、表演藝術）
		綜合活動	綜合活動（3）（家政、童軍、輔導）
		科技	科技（2）（資訊科技、生活科技）
		健康與體育	健康與體育（3）（健康教育、體育）
		領域學習節數	29節

校訂課程	彈性學習課程	統整性主題／專題／議題探究課程	3～6節
		社團活動與技藝課程	
		特殊需求領域課程	
		其他類課程	
每週學習總節數			32～35節

1. 國民中學階段每節上課時間為四十五分鐘，學校須依據規範的各領域及彈性學習的學習節數進行課程規劃，各校可以視課程實施及學生學習進度需求，經學校課程發展委員會通過後，彈性調節每節分鐘數與年級、班級的組合。
2. 新增科技領域課程兩節課（資訊科技一節、生活科技一節），由七大領域變為八大領域，學習運算思維、程式設計等未來趨勢所需知識。
3. 自然科重視探究與實作。
4. 每週三至六節彈性學習課程，讓每一所學校考量學校和學生特色，規劃辦理最適宜的學習活動，並鼓勵教師進行跨領域、科目的協同教學。

5. 學校得視校內外資源，於彈性學習課程開設本土語文、新住民語文或第二外國語文，供學生選修。

Q08 科技領域的課程內容如何？

A…

國中科技領域包括「資訊科技」及「生活科技」。資訊科技包括：演算法、程式設計、系統平臺、資料表示、處理及分析、資訊科技應用和資訊科技與人類社會等主題。生活科技包括：科技的本質、設計與製作、科技的應用和科技與社會等主題。除了透過運用科技工具、材料、資源鼓勵學生動手實作，也訓練運用設計與創造科技工具及資訊系統的知能。並在過程中引導學生探索、創造性思考、邏輯與運算思維、批判性思考、問題解決等高層次思考的能力。

Q09 國中教育會考的素養題怎樣考？

A…

新課綱希望學生能將所學運用在真實情境中，並學會解決問題，所以會考試題在基本概念題之外，也會增加生活情境題的數量，並減少知識性的背誦或繁複計算的測驗題目。國中教育會考是依照學習重點進行命題，部分學習內容比較難與生活情境連結，會直接考基本概念，不會刻意為了要生活化而結合情境。

各科試題都是根據領域課綱中的學習重點命題，不會在某個考科評量其他考科的知識或概念。新課綱強調的跨領域學習，在考題方面，則會以下列三種方式反映在國中教育會考試題中：

1. 使用其他領域的題材，或融入課綱所列的議題，例如：國文科以科普文章作為選文、英語科的選文涉及社會議題。
2. 評量跨領域的共同核心能力，例如：圖表的應用與解讀。
3. 結合生活情境的試題。

無論是應試哪一考科，閱讀理解都是很重要的能力。建議從國小階段開始，就鼓勵學生培養廣泛閱讀各領域篇章文字的習慣，不要只閱讀圖像式的資訊。只要懂得將所學的知識融會貫通並活用，即可從容應試。

Q10 國中會考考哪些科目？成績怎樣呈現？

A

1. 國中會考測驗科目：國文、英語、數學、社會、自然、寫作測驗。其中英語加考英聽，數學加考非選擇題。
2. 成績呈現：採標準參照，分為A（精熟）、B（基礎）、C（待加強）三個等級。其中A再細分為：A++（A級距中的前25％）、A+（A級距中的前26％至50％）、A。
B也再細分為：B++（B級距中的前25％）、B+（B級距中的前26％至50％）、B。
C則不再細分。

3. 寫作測驗分為：

六級分：寫作能力精熟。

五級分：寫作能力精熟。

四級分：具基礎寫作能力。

三級分：寫作能力待加強。

二級分：寫作能力待加強。

一級分：寫作能力待加強。

零級分：無法判斷寫作能力。

Q11 國中生畢業後如何升學？

A：

國中升學有以下管道：

1. 免試入學

「國中教育會考」、「免試入學」和「免入學測驗」這三個詞彙一定要先釐清，否則很容易誤解。

國中教育會考，簡稱會考，是為了瞭解國中學生的學習品質所進行的測驗。入學測驗是高中為了篩選學生所進行的測驗。免試入學指的是免入學測驗，而非免國中教育會考。免試入學雖可採計國中教育會考成績作為比序條件，但比重不得超過三分之一。也就是說，會考成績是重要的入學比序條件，但並非唯一決定的條件。

免試入學方式的入學管道非常多元，大致可分為七類：就學區免試入學、優先免試入學、試辦學習區完全免試入學、直升入學、技優甄審入學、五專優先免試入學和聯合免試入學，及其他免試入學。

目前多數學生入學高級中等學校的主要管道是免試入學，又稱分區免或大免，全國分為十五個就學區，國中學生則依其畢業國中所在就學區報名參加，有特殊理由者可以申請變更就學區。學校不得訂定申請條件，若報名學生沒有超過招生名額，全額錄取，若超過招生名額，則以比序方式決定。比序項目訂定於各就學區的免試入學作業要點中，其中國中教育會考的比重不得超過三分之一。

2. 特色招生

各校為發展特色課程所辦理的招生管道。特色招生分為甄選入學及考試分發入學兩大類，其中甄選入學又分為科學班、體育班、藝才班及專業群科甄選入學。特色招生不受就學區限制，國中學生可以跨就學區報名參加各特色招生管道。科學班甄選入學提供具科學潛能的優秀學生入學，目的在培育具人文素養及科學專業知能的科學傑出人才。科學班甄選入學透過科學能力鑑定及實作實驗等方式錄取。體育班及藝才班甄選入學提供體育、音樂、美術、戲劇、舞蹈專長的學生，透過術科測驗或「以競賽表現入學」管道至高級中等學校體育班或藝才班。專業群科甄選入學是依照高級中等學校專業群科分為六類十五群，提供對技職有興趣的學生報名參加。考試分發入學則是提供學術傾向或對特色課程有興趣的學生報考入學。

3. 未受補助私校單獨招生

私立學校若未受政府獎助或捐助設立，可依高級中等教育法規定報各該主管機關核定後，單獨辦理招生。

4. 其他的入學管道還有實用技能學程、建教合作班、運動績優甄審、運動績優甄試、運動績優獨招以及身心障礙學生適性輔導安置等。

Q12 在國中階段，學校如何協助孩子生涯試探？

A…

新課綱鼓勵孩子在國中階段開始生涯探索，接觸多元學習領域，認識自己的興趣與專長，進而讓孩子可以選擇適合自己的學校類型就讀。

目前高中學校類型大致分為四類：普通型高中，主要課程為基本學科，培養學生各學科通識能力，未來以升大學為主；技術型高中，也就是一般所稱的高職，屬技術類別，是重視專門技術及職業能力的學校；綜合型高中，兼具高中與高職特性，高一階段不分流，以試探為主。高二後學生依性向發展分化；單科型高中，此類學校非常少，採取特定學科領域為核心課程（如藝術和體育），提供學習性向明顯的學生繼續發展潛能。

十二年國教從一〇三學年開始實施時，每位國中學生都有一本生涯發展紀錄手冊，依國一到國三不同學生的需求，分別有不同的施測（智力、性向及興趣測驗）及輔導內容，並配合綜合領域的輔導課程，協助學生瞭解自己的性向及興趣。新課綱上路後，更重視學生生涯輔導，協助孩子多元探索及輔導孩子學習。

四、十二年國教課綱對普通型高中的影響

Q13 十二年國教課綱要培養出什麼樣的普通型高中學生？

A：新課綱要引導普通高中學生能夠試探不同學科的性向，具有通識能力，作為未來的學術預備基礎。

Q14 十二年國教課綱普通型高中的課程架構如何？

A…

高級中學階段採取學年學分制，一學分為每週一節，每節上課時間五十分鐘，且持續修滿一學期或總修習節數達十八節課。學生每週在校上課三十五節，包含團體活動時間及彈性學習時間。

普通高中三年應修習總學分數為一八〇學分，最低畢業及格學分數為一五〇學分，其中部定必修及校訂必修至少需一〇二學分且成績及格，選修學分至少需四十學分且成績及格。

普通高中領域、科目及學分數如下：

類別		領域	科目	學分數	第一學年	第二學年	第三學年
部定必修	一般科目	語文	國語文	20	16		4
			英語文	18	16		2
		數學	數學	16	8	8	

部定必修	一般科目	社會	歷史	18	6		
			地理		6		
			公民與社會		6		
		自然科學	物理	12	2～4		
			化學		2～4		
			生物		2～4		
			地球科學		2～4		
		藝術	音樂	10	2～6		
			美術		2～6		
			藝術生活		2～6		
		綜合活動	生命教育	4	1		
			生涯規劃		1		
			家政		2		
		科技	生活科技	4	2		
			資訊科技		2		

部定必修	一般科目	健康與體育	健康與護理	14	2
			體育		12
		全民國防教育		2	2
		小計		118	
校訂必修	一般科目				延伸一般科目各領域／科目之學習： 1. 統整性、專題探究或跨領域／科目專題 2. 實作（實驗） 3. 探索體驗 4. 為特殊需求者設計之課程
		小計		4～8	

選修	一般科目	選修學分數小計	54～58	1. 選修包括加深加廣、補強性、多元選修課程。 2. 職涯試探係提供學生試探機會，可於選修課程開設，或融入各領域／科目之各類型課程設計中。 3. 特殊需求領域課程詳見實施要點。 4. 高一應開設各類選修課程合計2～10學分。
校訂必修及選修學分上限合計			62	
學生應修習學分總計			180	每週30節
每週團體活動時間（節數）				每週2～3節
每週彈性學習時間（節數）				每週2～3節
每週總上課節數				每週35節

Q15 什麼是加深加廣選修？為什麼高中升大學要看這部分的學習成果？

A…

普通高中學生在三年應修的一八〇學分之中，有五十四至五十八學分為選修課程，而加深加廣選修課程就是其中一類。

普高的部定必修課程，是普高學生應具有的基本學力，所有普高學生都要修習。加深加廣選修課程則和未來要發展的方向有關，例如，高一高二的數學是部定必修課程，如果將來想要就讀的大學科系和數學有關，高三時就可以選修數學領域的加深加廣課程。

加深加廣選修課程可以深化及加廣各領域科目的知識吸收，並有利於銜接下一階段大學的學習，因此普高學生可就自己生涯發展進路、特質及能力，選修各領域的加深加廣選修課程。

Q16 什麼是多元選修課程？

A…

普高學生在三年應修的一八〇學分之中，有五十四至五十八學分為選修課程，除了加深加廣選修之外，多元選修課程也是其中一類，學生至少要修習六學分的多元選修課程。

每一所高中要開多少的多元選修課程？依規定，要開到班級數的一．二至一．五倍。例如，某高中一年級有十班，該校高一要開設的多元選修課程就是十二門至十五門課，學校會依學生興趣、性向、能力或需求開設課程內容，像是第二外語、通識性課程、跨領域專題等，開放學生自主選課。

Q17 什麼是彈性學習時間？學生可以選擇不上嗎？

A…

彈性學習時間，是依學生需求與學校條件規劃的學習活動。在高中階段每週三十五節課中，依據各校規劃可有二至三節的彈性學習時間，是屬於學生學習的一部分，所以每位學生都必須參與。

在彈性學習時間，學生可以利用這個時間進行自主學習、參加學校規劃的選手培訓、充實或補強性教學、特色活動等，有非常多元的選擇。特別在自主學習的部分，學校會協助學生逐步擬定自主學習計畫，並按計畫進行自主學習。

Q18 什麼是自主學習？學生怎麼自主學習？

A…

自主學習是學習者在他人不同程度的協助下，歷經評估自我學習需求、設定目標、擬訂計畫、規劃執行、整合與應用資源、反思與調整、發表分享學習成果的過程。

在此過程中，學生自我探索，甚而生涯定向，發現學習的樂趣與意義，開展自我、群我，以及與世界的關係，成為學習的主體。

聯合國教科文組織提出二十一世紀的五大學習支柱，第一項就是learning to know. 面對資訊爆炸時代，給學生魚吃，不如讓他學會怎麼釣魚、捕魚，甚至學會怎麼製作捕魚工具。因此新課綱的彈性學習時間，除了補強性教學、特色活動或選手培訓之外，學生可以依據他想加強學習的領域提出學習計畫，老師從旁修正輔導，最後讓學生檢視自己的學習成果，是有目的的學習。

Q19

新課綱實施後，學生要選修加深加廣和多元選修等課程，還要填寫學習歷程檔案，而且這些都和未來升大學有關，學校有什麼資源可以幫助學生選課及填寫學習歷程檔案嗎？

A…

課程諮詢教師、導師及專任輔導教師，都能提供學生選課、填寫學習歷程檔案的協助。

因應新課綱的實施，每所學校都有受訓合格的課程諮詢教師，在開學初的課程說明會向學生和家長說明學校整體的課程規劃，學校課程與未來銜接大學進路的關聯；在學生選課前或是選課期間，透過團體諮詢或個別諮詢的方式，提供學生選課建議。

如果學生生涯尚未定向，或對生涯感到迷惘，專任輔導教師可透過學生性向和興趣測驗的結果，提供有效的訊息供家長、學生參考。

學校還會安排學習歷程檔案的操作說明，並指導學生上傳資料，如果學生有相關疑問，導師、課程諮詢教師、專任輔導教師及行政人員也會提供相關的協助。

五、十二年國教課綱對技術型高中、綜合型高中和單科型高中的影響

Q20 十二年國教課綱要培養出什麼樣的技術型高中、綜合型高中和單科型高中學生？

A：

1. 技術型高中：以培養學生專業實務技能、職業道德與素養為主，提升進入職場的就業力。
2. 綜合型高中：進一步引導學生發展學術或職業的興趣知能，以期適性發展。
3. 單科型高中：協助學習性向明顯的學生持續開發特定學科的潛能。

Q21 新課綱技術型高中的課程架構如何？

A…

技術型高級中學三年應修習總學分數為一八〇至一九二學分，最低畢業及格學分數為一六〇學分，其中部定必修一一一至一三六學分均須修習且至少八十五%及格，專業科目及實習科目至少需修習八十學分以上，其中至少六十學分及格，含實習（實驗、實務）科目至少四十五學分以上及格。

技術高中領域、科目及學分數如下：

類別		領域	科目	學分數	說明
部定必修	一般科目	語文	國語文	16	
			英語文	12	
		數學	數學	4～8	

部定必修				
一般科目	社會	歷史	6～10	學生至少自三科中修習二科以上。
		地理		
		公民與社會		
	自然科學	物理	4～6	學生至少自三科中修習二科以上。
		化學		
		生物		
	藝術	音樂	4	各校自選二科彈性開設。
		美術		
		藝術生活		
	綜合活動	生命教育		
		生涯規劃		
	綜合活動	家政	4	各校自選二科彈性開設。
		法律與生活		
		環境科學概論		
	科技	生活科技		
		資訊科技		

部定必修	一般科目	健康與體育	健康與護理	2	
			體育	12	
		全民國防教育		2	
	小計			66～76	各群依屬性不同得進行差異性規劃。
	專業科目				群共同專業科目，本群所屬之科別均應修習。
	實習科目				群共同實習科目，本群所屬之科別均應修習。
		○○技能領域			適用於相應科別。
	小計			45～60	
部定必修學分合計				111～136	
校訂科目	校訂必修	專題實作		2～6	各校視需要自行規劃，須包含特殊需求領域課程。
		小計			
	校訂選修	小計			各校開設規定選修學分

校訂必修及選修學分上限合計	44～81	
學分上限總計（每週節數）	180～192（30～32）	每週30～32節。
每週團體活動時間（節數）		每週2～3節。
每週彈性學習時間（節數）		每週0～2節。
每週總上課節數		每週35節。

Q22 新課綱綜合型高中的課程架構如何？

A…

高二開始分流，分為學術學程和專門學程兩大類，學校可自行設置或合作設置兩類學程，其中專門學程需設置兩種（含）以上。學術學程提供學生準備升讀大學校院，開設時考量社會學程及自然學程的學程特性；專門學程考量學生進路發展需求、社區資源及學校師資、設備等條件，以職群設計為原則，並規劃相應的系列課程，使學生有對應職群的就業或繼續升學的基本能力。

綜合高中領域、科目及學分數：

類別		領域	科目	學分數	第一學年 第一學期	第一學年 第二學期	說明 *第二、三學年學分配置請參酌各學程規劃。
部定必修	一般科目	語文	國語文	8	4	4	
			英語文	8	4	4	
		數學	數學	8	4	4	
		社會	歷史	4		(2)	1. 社會、自然科學、藝術領域各任選4學分。 2. 自然科學與藝術領域所修習之科目，單科至少修習2學分。
			地理		(2)		
			公民與社會			(2)	
		自然科學	物理	4		(2)	
			化學			(2)	
			生物		(2)		
			地球科學			(2)	

部定必修					
一般科目					
藝術	音樂	4		(2)	
	美術		(2)		
	藝術生活			(2)	
綜合活動	生命教育	4		(2)	生涯規劃為一年級必修，其餘科目任選一科目2學分，合計4學分。
	生涯規劃		2		
	家政		(2)		
	法律與生活			(2)	
	環境科學概論		(2)		
科技	生活科技			(2)	
	資訊科技			(2)	
健康與體育	健康與護理	6	1	1	
	體育		2	2	
	全民國防教育	2	1	1	
部定必修學分合計		48	24	24	

校訂必修	一般科目	小計	4～12			學校依據學校願景、學生學習需求開設4～12學分，須包含特殊需求領域課程。
校訂選修	一般、專精科目	小計	120～128			1. 一般科目可依據需要發展各領域之校訂選修科目。 2. 開設「學術學程」及「專門學程」，每一類學程至少規劃60學分之專精科目，並需於適當年級開設「專題實作」至少2學分。 3. 「跨領域/科目專題」或「實作及探索體驗」課程，學生修習需至少合計4學分之相關課程。
校訂必修及選修學分上限合計			132			

學分上限總計（每週節數）	180（30）	每週30節。
每週團體活動時間（節數）		每週2～3節。
每週彈性學習時間（節數）		每週2～3節。
每週總上課節數		每週35節。

Q23 新課綱單科型高中的課程架構如何？

A…

單科型高級中學三年應修習總學分數為一八〇學分，最低畢業及格學分數為一五〇學分，其中部定必修及校訂必修至少需修習一〇二及格學分，同時選修學分至少需修習四十及格學分。

單科高中領域、科目及學分數：

類別		領域	科目	學分數	第一學年	第二學年	第三學年	說明
部定必修	一般科目	語文	國語文	8	8			
部定必修	一般科目	語文	英語文	8	8			
部定必修	一般科目	數學	數學	8	8			
部定必修	一般科目	社會	歷史、地理、公民與社會	4	4			1.社會、自然科學或藝術領域可採領域教學4學分（社會科學概論、自然科學概論、藝術概論）。 2.社會、自然科學或藝術領域之各領域內也可任採2科目，共計4學分。
部定必修	一般科目	自然科學	物理、化學、生物、地球科學	4	4			1.社會、自然科學或藝術領域可採領域教學4學分（社會科學概論、自然科學概論、藝術概論）。 2.社會、自然科學或藝術領域之各領域內也可任採2科目，共計4學分。
部定必修	一般科目	藝術	音樂、美術、藝術生活	4	4			1.社會、自然科學或藝術領域可採領域教學4學分（社會科學概論、自然科學概論、藝術概論）。 2.社會、自然科學或藝術領域之各領域內也可任採2科目，共計4學分。

部定必修一般科目						
綜合活動	生命教育	4	4			綜合活動及科技領域可採跨領域選擇2科以上，共4學分。
	生涯規劃					
	家政					
	法律與生活					
	環境科學概論					
科技	生活科技					
	資訊科技					
健康與體育	健康與護理	6	6			健康與護理、體育至少各2學分。
	體育					
	全民國防教育	2	2			
部定必修學分合計		48				

項目		學分數	說明
校訂必修	一般、專業科目小計	45～60	1. 以特定核心學科領域為主課程，發展一般科目或專業科目，奠立特定學門知能的拓展與深化。 2. 各校得視需要自行規劃特殊需求領域課程。
校訂選修	一般、專精科目小計	72～87	「跨領域／科目專題」或「實作及探索體驗」課程，學生修習需至少合計 4 學分之相關課程；若學生於校訂必修修習同類課程可合併計算。
校訂必修及選修學分上限合計		132	
學分上限總計（每週節數）		180（30）	每週30節。
每週團體活動時間（節數）			每週2～3節。

每週彈性學習時間（節數）		每週2～3節。
每週總上課節數		每週35節。

六、十二年國教課綱對升大學的影響

Q24 一〇八學年度開始適用新課綱的高中職學生，一一一學年度以後升大學的管道如何？

A…

一一一學年度高中職學生升大學的管道如下表：

管道	身分			採計	
	高中生	高職生	綜高生	考試成績	參採學習歷程檔案
繁星推薦	●	—	●（學術學程）	學測	有參採學習歷程檔案的「修課紀錄」。
申請入學	●	●	●	學測	●
分發入學	●	●	●	學測 分科測驗	—
特殊選才	●	●	●	—	—

1. 繁星推薦：強調平衡區域、城鄉就學機會，推動就近入學高中，由高中向大學校系推薦符合資格的學生。

適合對象

1. 就讀普通高中或綜合高中（學術學程）期間未曾轉學，並且修滿高一、高二各學期的應屆畢業生。
2. 各學期學業總成績的平均成績校排名百分比符合大學規定。
3. 通過大學校系當年度學測、術科考試、英聽測驗。

成績採計	比序項目： 1. 高中校排名百分比。 2. 學測成績採計至多4科，部分校系採計術科考試及英聽測驗。 3. 第8類學群包含各校系甄試。
錄取方式	1. 依高中推薦優先順序及分發比序項目進行分發作業。 2. 各大學同一學群錄取同一高中之學生，以一名為限。 3. 錄取生無論放棄與否，皆不得報名參加當學年度大學個人申請入學，也不得參加當學年度科技校院日間部四年制申請入學第一階段篩選；未於當學年度簡章規定期限內放棄錄取資格者，不得報名大學分發入學招生及四技二專各聯合登記分發入學招生。

2. 申請入學：是大學招生名額最多的管道，強調適才適所，拔尖扶弱，參採學習歷程、多元表現或透過校系自辦甄試項目進行選才。

適合對象	符合大學入學資格的學生皆可申請，每人以申請六校系（含）為限。

成績採計	1. 第一階段：由各校系自訂學測成績（至多採計 4 科）、術科成績、英聽測驗成績的檢定、倍率篩選。 2. 第二階段：辦理指定項目甄試，可為面試、筆試或實作等，指定項目甄試與學習歷程檔案為綜合學習表現，於二階總成績計算時至少占 50％。
錄取方式	1. 各校系科核算甄選總成績後，公告正備取名單。 2. 考生上網登記就讀志願序，甄選會依考生的志願序及正備取情形，由分發程式進行統一分發後，公告錄取榜單。

3. 分發入學：強調簡單一致，僅採計入學考試成績，直接分發。

適合對象	凡公、私立高中職畢業生或具同等學力（須經分發會學力證明文件審查通過），皆能參加考試分發，至多可以選填一〇〇個志願校系。
成績採計	1. 完全採計入學考試中學科能力測驗（X）、分科測驗（Y）與術科考試的成績，由校系自訂採計考試科目組合。 2. 採計考科數 3≦學科能力測驗（X）+分科測驗（Y）+術科≦ 5，其中學科能力測驗（X）≦ 4（不含術科），分科測驗（Y）≧ 1。各科以 45 級分計算，採計科目的成績可加權計算。
錄取方式	學生登記志願後，分發會透過分發程式統一分發後公告錄取榜單。

4. 特殊選才：招收具有特殊才能、經歷、成就的學生，並顧及弱勢與大學所在區域的在地學生。

報考資格	具特殊選才或具不同教育資歷學生（如境外臺生、新住民及其子女、實驗教育學生、持境外學歷報考且同時持國外具公信力之入學用大型測驗成績者等）。
招生方式	各校單獨招生；招生校系將可以工作成就、高中在學表現、競賽表現、證照訓練或其他特殊學習歷程等自訂招生條件，經由大學書面審查、面試、筆試、術科或實作測驗等方式全面審查後彈性選才。
招生日程	原則上各校於每年11月前公告簡章，於12月辦理招生，並於次年1月間放榜。

Q25 一一一學年度的大學各項招生管道，有招生名額限制嗎？

A…

有比例原則，但沒有硬性規定。目前招生名額數量以繁星推薦占十五%，申請入學（個人申請）以四十五%為原則，分發入學（考試分發）目前沒有訂上限或下限，特殊選才全國總招生名額不超過一・五%。

Q26 從一一一學年度開始的大學入學考試有什麼改變？

A・・・

一〇八課綱開始上路後，大學考試招生連動一起調整，並採取以下銜接配套措施，結合高中育才及大學選才：

1. 考試時間、命題範圍和題型：

入學考試			
項目	考試時間	考試科目及命題範圍	題型
學科能力測驗	高三寒假時	1. 考試科目：國文（含國語文寫作）、英文、數學A、數學B、社會、自然等考科，考生可自由選考，成績均採級分制，用於個人申請入學時各科最高為15級分，用於考試分發入學時各科最高為45級分。 2. 命題範圍：「部定必修」，採素養導向命題。	使用混合題型且卷卡合一

分科測驗	高三畢業後	1. 一一一學年度指考改為「分科測驗」，測量學生「關鍵學科能力」。分科測驗國英數三科不重複考（僅數甲為兼顧高度數學需求校系），考試科目包括數甲、物理、化學、生物、歷史、地理、公民與社會等考科，考生可自由選考，成績改採級分制，用於考試分發入學時各科最高為45級分，避免分分計較，更能促進學生適性學習。 2. 命題範圍：「部定必修」及「部定加深加廣選修」，採素養導向命題。	使用混合題型且卷卡合一
高中英語聽力測驗	每學年上學期舉辦兩次	涵蓋高級中學必修科目「英文」課程綱要所訂的第一至第四學期必修課程	以40題選擇題方式進行測驗

2. 繁星推薦及申請入學的甄試期程向後延，讓高三學生的學習歷程更完整。
3. 申請入學第二階段書面備審資料改為參考「學習歷程檔案」，與指定項目甄試（如面試、術科、筆試與實作等）成績占第二階段總成績至少五十%，綜合評估學生的學習過程。

4. 英聽測驗結果可由各大學校系自訂是否設為「繁星推薦」、「申請入學」及「分發入學」之招生檢定項目或納為「個人申請入學」審查資料之一。

Q27 大學如何審查學生的學習歷程檔案？審查機制公平嗎？

A：

對大學而言，如果選進來的學生興趣性向不對，對大學也是痛苦的事，所以審查學生學習檔案，不但訂有審查標準和差分檢核機制，在書審過程中，審查委員也都會非常認真，希望收到適合的、而且是真的對該校系有興趣的學生。

1. 訂定審查標準：大學招生在審查學生的學習歷程檔案和書面資料方面，除了訂有審查評量尺規之外，並在正式評分前，評審委員會進行共識會議，例如：某面向學習成果如果要拿到傑出，需要達到什麼樣的標準？希望能縮小每位評審的主觀判斷差距。
2. 差分檢核機制：評閱時還有差分檢核機制，例如：當出現最高最低差十分時，系統會自動調出，把三位委員找回討論再次評分，差分正負十分以內才通過。

3. 審查重點：大學審查的重點是學生在高中校內課程及活動的綜合學習表現，期待看到學生個人特質、成長歷程與發展潛力，學習歷程檔案內容上的質量與完整性更重要。

七、十二年國教課綱對升四技二專的影響

Q 28 一〇八學年度開始適用新課綱的高中職學生，一一一學年度以後升四技二專的管道如何？

A ⋯

一一一學年高中職學生升四技二專的管道如下表：

四技二專

管道	身分			採計	
	高中生	高職生	綜高生	考試成績	參採學習歷程檔案
四技申請入學	●	—	●（學術學程）	學測	●
甄選入學	—	●	●（專門學程）	統測	●
聯合登記分發	—	●	●（專門學程）	統測	—
科技繁星計畫	—	●	●（專門學程）	—	—
特殊選才	●	●	●	—	—
技優保送	●	●	●	—	—

備註：
1. 本表所指高中生為應屆畢業，如非應屆畢業考生亦可報考甄選入學及聯合登記分發。
2. 同等學歷考生除科技繁星計畫外，其他均可報名。

1. 四技申請入學聯合招生（四技日間部）

適合對象	1. 高中普通科學生、綜高學術學程學生、藝術群職業類科學生，皆可憑大學學測成績參加，至多申請5個校系志願。高職、綜高專門學程學生，或高中、綜高學術學程非應屆畢業生，皆可憑統測成績參加，至多申請三個校系志願。 2. 高中生升學四技的主要招生管道。
成績採計	1. 第一階段為學測成績篩選，至多採計4科。 2. 通過一階的考生可參與第二階段，為各科技校院辦理的複試，內容以備審資料審查（含學習歷程資料）和面試為主。
錄取方式	1. 各校系組依考生總成績高低及招生名額決定最低錄取標準，並公告正、備取名單。 2. 錄取的考生於報到規定期限內，依所錄取學校規定時間及方式辦理報到手續。

2. 甄選入學

適合對象	1. 此為四技二專招生校數最多、規模最大的入學管道。 2. 分為「一般組」與「青年儲蓄帳戶組」，每位考生限擇一組參加，並至多選擇3個校系科組志願報名。

成績採計	1. 第一階段為統測成績篩選。 2. 通過一階的考生可參與各校系第二階段，例如備審資料（含高中學習歷程資料）、專題實作及實習科目學習成果……等。 3. 甄選總成績需包含統測成績（占比上限40%，不可為0）及指定項目甄試成績。其中，指定項目的書面審查資料（含「學習歷程資料」及「專題實作及實習科目學習成果」兩項合計）占總成績比率不低於40%。
錄取方式	1. 各校系科核算甄選總成績後，公告正備取名單。 2. 考生上網登記就讀志願序，招生委員會將依考生的志願序及正備取情形，由分發程式進行統一分發後公告錄取榜單。

3. 聯合登記分發

適合對象	高職、綜高專門學程學生，或高中及綜高學術學程非應屆畢業生，憑當年度統測成績參加。
成績採計	完全採計統測各科成績，並依各校系科組自訂的科目權重，加權後合計為總分數。共同科目權重為1至2倍，專業科目權重為2至3倍。
錄取方式	依照考生總分數的高低順序，再按其志願序依序分發。

4. 技優保送

適合對象	曾參加四技二專技優保送入學資格所列的競賽，獲得各職類全國前三名或經選拔入選正備取國手資格的考生。
成績採計	不採計統測成績，符合保送入學資格者，可就採計所參加競賽職類的招生類別中，擇一類別報名，並上網選填該類別的招生校系科組志願，直接分發錄取。
錄取方式	依照競賽獲獎名次及等第對照表，排序每位考生的排名。若等第相同，則以該競賽職類參加人數較多者排名在前，再依考生排名順序及其選填志願分發。

5. 技優甄審

適合對象	曾參加技優甄審入學簡章所列的競賽獲獎，或已取得乙級以上技術士證的考生。
成績採計	1. 符合資格的考生可就採計獲獎的競賽或證照職類的所有招生類別中，跨類別選擇至多5個校系科組志願，報名參加指定項目甄試。 2. 甄試可包含面試、術科實作、備審資料審查（含學習歷程資料）等，不辦理筆試，也不採計統測成績。

錄取方式

公告的正備取生上網登記就讀志願序後，招生委員會將依照考生的志願序及正備取情形，由分發程式進行統一分發後公告錄取榜單。

6. 科技校院繁星計畫聯合推薦甄選

適合對象

就讀技高（高職）期間未曾轉學，且學業成績優異，競賽、證照、社團參與、服務學習等各方面表現良好，具備相關證明，並符合校內遴選資格者，可經由校內推薦機制，獲選為科技繁星被推薦考生，錄取優質的科技校院。

成績採計

所有考生依8項比序排名順序進行分發作業，比序項目依序為：

1. 第1比序：5學期學業平均成績的群名次百分比。
2. 第2比序：5學期專業及實習科目平均成績的群名次百分比。
3. 第3比序：5學期技能領域科目平均成績的群名次百分比。
4. 第4比序：5學期英文平均成績的群名次百分比。
5. 第5比序：5學期國文平均成績的群名次百分比。
6. 第6比序：5學期數學平均成績的群名次百分比。
7. 第7比序：競賽、證照及語文能力檢定的總合成績。
8. 第8比序：學校幹部、志工、社會服務及社團參與的總合成績。

註1：綜合高中考生，第2比序為專精科目、第3比序為核心科目。

註2：因部定必修實習科目新增技能領域科目，因此成績比序項目納入技能領域科目。

錄取方式

1. 依照考生8項比序排名、考生選填志願、各校系招生名額及各技高學校推薦順序，進行四輪分發錄取作業。
2. 全部報名考生進行比序排名後，取各單一高職（技高）學校第1位為第一輪分發考生、第2位為第二輪分發考生、第3位為第三輪分發考生，其餘考生均為第四輪分發考生。
3. 各輪分發考生，依其比序排名及所選填登記就讀志願序，進行分發。單一科技校院錄取同一校考生至多1名（第四輪至多2名）。
4. 若第一輪分發考生因志願選填不足或已額滿而未獲分發，僅由該校原訂於第二輪分發的考生優先參與第一輪遞補分發，且此項遞補，不會改變原先已獲分發考生之錄取結果。
5. 分發錄取生不論放棄與否，皆不得參加當年度四技二專甄選入學招生。

7. 特殊選才聯合招生

適合對象

1. 在專業領域具備特殊技能或專長，或者具有特別的經歷、學習背景、成就，或是參與青年教育與就業儲蓄帳戶方案完成2至3年期的青年。
2. 本招生分「技職特才及實驗教育組」與「青年儲蓄帳戶組」兩組，每位考生限擇一組，至多選擇5個志願報名。

成績採計	1. 由各招生學校辦理指定項目甄審，可採書面資料審查、經歷審查、面試、筆試、術科實作考試等，不採計統測及學測成績。 2. 各校系科組學程志願得訂定「優待加分條件」，可針對不同的教育體系、成長環境、特殊經歷、經濟弱勢及特定身分、地區的學生給予特別加分。
錄取方式	1. 各校系科核算甄選總成績後，公告正備取名單。 2. 考生上網登記就讀志願序，招生委員會再依考生的志願序及正備取情形，由分發程式進行統一分發後公告錄取榜單。

Q29 新課綱對統測考試有什麼影響？

A…

新課綱強調素養、跨領域學習，因此統測考題也做了以下調整：

1. 學以致用：強調試題設計符合適當的情境，題材選擇貼近生活。
2. 試題設計更多元：重在測驗學生是否理解內容並能加以應用。
3. 落實實務選才：依照不同專業科目的特色發展實務試題、適性評量。

一一一學年度起適用的統測：

四技二專統一入學測驗	
考試時間	每年五月初舉辦
命題範圍	1. 包含共同科目及各群專業科目，試題將以「素養導向」命題，結合生活與職場情境。 2. 考試科目範圍依據一〇八課綱進行微調，考試大綱依照慣例會於施測前一年公告。
考試科目	1. 分為20種單群（類）及6種跨考群（類）別，學生依所欲就讀系科所招收的群（類）別應考。 2. 每個群類別皆含有共同科目3科（國文、英文、數學）及專業科目2科。

Q30 甄選入學面試所需的甄試費、交通費及住宿費，會不會變成經濟弱勢家庭的龐大負擔，而影響這些家庭孩子的升學之路？

A：

教育部表示，為了協助經濟弱勢家庭考生參加第二階段各個校系的指定項目甄試，包括面試、術科考試或其他需要到校參加的甄試項目，教育部已將弱勢學生所需要的甄試費、交通費及住宿費，列入高等教育深耕計畫中弱勢協助機制中的補助使用項目，鼓勵各校提供考生協助。

八、學生學習歷程檔案

自一一一學年度起，大學申請入學、四技二專甄選入學的第二階段甄試，備審資料得參採學生的學習歷程檔案資料。

Q31 什麼是學生學習歷程檔案？為什麼要建置該檔案？只是為了升學嗎？

A

學生學習歷程檔案的設計，是希望高中職學生在學期間，可以定期記錄、整理自己的學習表現。學習歷程檔案有二個平臺，一個是學校建置的學校平臺，另一個是教育部建置的中央平臺。學生的學習歷程先上傳至學校平臺，再由學校在規定的時間內提交到中央平臺。學生學習歷程檔案的內容分為四大項：

1. 基本資料：學生學籍資料，包含姓名、擔任校級、班級、社團幹部紀錄及其他相關資料。

2. 修課紀錄：包括各科目課程學業成績及課程諮詢紀錄，課程諮詢紀錄不會上傳至中央資料庫。

3. 課程學習成果：包括修課紀錄及學分數的課程作業、作品及其他學習成果。本項須經任課教師認證。每學年由學生勾選六件，由學校提交至中央資料庫。（大學端參採限制：學生自中央資料庫勾選提交至招生單位之件數上限，大學至多三件，技專校院具學分科目的專題實作及實習科目學習成果至多六件，其他課程學習成果至多可採計三件，合計至多九件。）

4. 多元表現：彈性學習時間、團體活動時間、以及其他方面的表現。每學年由學生勾選十件，由學校提交至中央資料庫。（大學端參採限制：學生自中央資料庫勾選提交至招生單位之件數上限為十件。）

升大學的備審資料得參採學生學習歷程檔案。學生學習歷程檔案除了升學用途之外，還具有以下四項效益：

1. 呈現新課綱的多元課程特色：學生修習各類課程的學習成果及多元表現，是學生學習表現的真實展現，也是學校課程實施成果的最好證明。
2. 呈現考試難以評量的學習成果：尊重個別差異，呈現考試成績以外的學習表現。
3. 展現個人特色和適性學習軌跡：鼓勵學生定期記錄並整理自己的學習表現，重質不重量，展現個人學習表現的特色亮點與學習軌跡。
4. 有助學生生涯探索：學生透過整理學習歷程檔案的過程，可以及早思索自我興趣性向，逐步釐清生涯定向。

Q32 大學端參採學生學習歷程檔案，會不會對偏遠學校學生不利？

A

從過去學測、指考的成績統計來看，偏鄉高中比不上都會高中、弱勢學生比不上一般學生。但看學習歷程就不一定，因為大學可從中看見努力投入、學習態度、求學背景。如果不看學習歷程，就只能看傳統考科，那對偏鄉高中或弱勢學生只會更不利。「高中學習歷程檔案」在大學端審查時會以校內的課程成果與表現為主，並限制上傳件數，避免軍備競賽；同時引導大學「重質不重量」，綜合評價學生的學習過程而不是數量。因此透過學習歷程可提供偏鄉高中突破過去學測、指考劣勢的機會，讓偏鄉高中學生參加個人申請時更能展現獨特性。

Q33 學生會不會假手他人代做學習成果或多元表現而失去公平？

A…

學習歷程檔案中的課程學習成果與多元表現，重點在呈現學生的學習特色及優點，課程學習成果必須經過任課教師認證才可以上傳，團體活動和彈性學習等多元表現，也都是學校課程。此外，大學教授在綜合檢視學生所提交的學習歷程檔案後，也會在面試時進一步與學生對答，實際瞭解與確認學生的學習經驗，並確保公平性。因此找人代做很容易穿幫，相當不智。

Q34 學習歷程檔案中的「多元表現」項目會不會演變成加碼競賽，要參加很多社團活動和志工服務，努力擔任社團和班級幹部，才能吸引大學端教授的青睞？

A：

學生學習歷程檔案限定，參加大學申請入學、四技申請入學、四技二專甄選入學及四技二專技優甄審入學等招生管道，每位學生最多只能勾選十件，作為大學端的參考，因此學習歷程檔案的多元表現重點，不在於參加競賽和活動的多寡，而在於能否在參與過程中真正有收穫，並整理出自己的心得。

此外，大學端也有共識，參考學習歷程檔案的重點，在於進一步瞭解學生在高中教育階段的學習與收穫，並能在學習歷程檔案裡完整表達記錄，這和一個學生在多元表現經驗的多或少沒有關係；而且大學審查書面資料會採用綜合評量，未必每一項都要有資料。

Q35 如果有學生到了高三才轉換志向，之前累積的學習歷程，在升學時是否會吃大虧？

A…

每個人的性向和興趣都需要試探，高三當然也有可能轉換志向。學習歷程就是尋找自我興趣和生涯定向的重要過程，學習歷程可以幫助大學教授瞭解這名學生高中三年的學習狀況，同樣具有重要參考價值。在備審資料中，用文字敘述轉換志向的緣由和考量，更可以讓教授瞭解學生的實際想法。

大學端參考學生多元選修學習，並沒有強制規定要選修哪些課程才能申請某校系，他們更關注學生的學習動機、特質和潛力，是否適合就讀該科系。

CHAPTER

3

迎向翻轉的浪潮
校園改變 ing

一、臺北市建國中學

上午十點，猛烈的陽光，大樓的冷氣，還有汽機車的廢氣，毫無掩飾地肆虐臺北盆地。室外溫度已達三十六、七度，和建國中學校長徐建國約好的採訪時間到了，踏進校長辦公室，「咦，校長室的冷氣壞了嗎？怎麼那麼悶熱！」

其實校長室的冷氣沒有故障，悶熱的原因是沒開冷氣。

「我的辦公室，五年沒開冷氣了！」校長招呼我說，「怕你熱，我們到隔壁會議室，那兒有開冷氣。」我不解，既然校長室的冷氣沒故障，為什麼不開？難道校長怕冷？

他解釋道，他也怕熱，因為熱，所以辦公椅上面掛了條毛巾，每隔半小時左右就要去洗把臉，用毛巾擦擦流汗的身體。既然怕熱，為什麼不開冷氣呢？校長說，「我鼓勵全校師生節能減碳愛地球，如果我在那麼大間辦公室裡面，一個人吹冷氣，你想，他們會信服我說要節能減碳的話嗎？所以我只好忍耐！」

「學校裡其他辦公室吹冷氣，我不管，我只要求我自己。」響應節能減碳他也已經吃了四十一年的素。

教育家福祿貝爾說：「教育之道無他，唯愛與榜樣。」

徐校長很重視身教。他說，一〇八課綱對老師教學、對學生學習的改變都是正向的，他期許全校老師，包括他自己，不敷衍、不作假，確確實實地推行新課綱。「你要改變學校，要改變學生，就要從自己做起。」

一〇八課綱上路了，在他的帶領下，經過一年的努力，建中校園發生了怎樣的改變？以下是徐校長受訪的內容：（以徐校長第一人稱的方式呈現。訪問時間：一〇九年六月十八日）

新課綱，老師受到震撼了

一〇八課綱實施一年以來，從老師的角度來看，對老師的成長是有幫助的。因為新課綱的高中課程，不像以前什麼都是教育部規定的必修課，現在有一部分是校訂課程，必須由學校自己設計。

另外還有彈性學習課程，學校要為學生規劃課程。例如，一週有三節彈性學習課程，「這三節課，老師可以都讓學生自主學習嗎？就算都給學生自主學習，請問他們在國中三年學過怎麼自主學習嗎？」

沒有啊！那老師您要不要教啊？要怎麼教？

如果這三節課要為他們開設一些大學的先修課程讓他們選，比如有學生想瞭解陽明大學或臺北醫學大學醫學系或藥學系的課程，請問學校要不要去跟大學談？如果不和大學談，大學教授會自己跑來幫我們的學生上課嗎？不會有這種事吧！學校要請大學教授幫我們的學生上課，請問大學教授教過高中學生嗎？這些細節就必須要討論，而且要試試看高中生的學習成效。為了幫高中學生有機會在彈性學習時段體驗大學課程，臺北市五所高中特別組成了五校聯盟。（註：五校聯盟：臺北市五所高中與八所大學進行策略聯盟，運用每週三下午的新課綱「彈性學習」時段，由大學教授擔任開課師資，讓高中生跨校選修，齊聚一堂上課。五所高中包括：建國中學、北一女中、師大附中、中山女高和成功高中；八所大學包括：臺大、臺師大、政大、交大、陽明、北醫、北科大和實踐大學。）

這些事會讓老師知道很多課程必須要設計、規劃；相較於以前的教學，老師只要將課本裡面的知識，把學生教會，確實是讓老師受到了震撼。

新課綱讓老師知道，原來一名老師不只是把教科書的內容教好，「我還可以設計課程教學生，甚至有一部分校訂課程，一定要我設計，為學生開一些多元選修課程。」

長期以來，老師只要把自己本分的教學做好就可以了，不需要和別的老師合作；但現在要設計課程，不和其他老師合作是很困難的，所以老師之間組成了社群，除了開會、共同研習之外，還要設計課程。除了在同一科老師組成的社群開會之外，還要和其他科老師組成的社群共同開會，就會知道別科老師的想法，相互瞭解，這是一件好事。

新課綱，翻轉了老師的教學和評量

新課綱對老師的教學方法，也產生很大的影響。

以前課本內容是編好的，老師只要把課本內容教給學生就好了，可是現在還有線上學習，學生上網google一下，就可以知道很多知識，不一定要老師教，甚至老師教得對不對，學生都可以「驗證」。

因此老的教學方法翻轉了。「你們都聽我說！」「我說什麼你們快記下來！」的時代過去了。現在學生google一下所得到的知識，比老師講授的還要多，所以老師慢慢也體會到，現在除了課本教學之外，還要引導學生樂於學習，知道怎麼學習。

以前的評量方法是三次段考再加上學生作業和報告，可是現在要建置學生「學習歷程檔案」，而且升大學時要參採學生的學習歷程檔案，請問，老師要不要指導學生寫報告？要不要知道學生ＰＰＴ做得好不好？要不要知道怎樣幫學生的報告打分數？老師以前都不需要做這些，但現在必須要做，這也讓老師的評量方法思考得更細緻了。

例如，全班有四十名學生，老師把學生分成八組、每組五人，去完成一項報告，完成後每一組都要在課堂上向老師和全班同學報告。老師以前的評量方法是「他評」，學生報告完成後，由老師直接評分；但現在的作法是第一組報告完成後，除了老師評分之外，另外七組也要評分，依此進行；而且除了他評之外，還要「自評」，老師可能會發給每名學生一分自評表，問同組的五個人，每個人對這個報告的貢獻度如何？

老師不可能像以前一樣，同一組所有學生的分數都一樣，而且都由老師一人來評；現在老師如何將那麼多的分數整合起來，評出每一名學生的分數，這必須做研究。新課綱對老師評量方法的改進，是正向的、進步的。

從整體、長遠來看，新課綱對於老師的改變幾乎都是正向的。不這樣改變，學生也很難接受。這幾年，也有少數觀念太舊的老師，遭到家長的投訴。新課綱實施後，老師的觀念必須改變，對於適應不了，或者無心改變的老師來說，可能就要離開這個職場了。

新課綱實施後，學生學習轉為主動

新課綱對學生而言，逐漸從被動的聽講轉為主動的學習。

以前學生的學習方式，多是聽老師講課。一〇〇學年度之後推動翻轉教學，雖然讓學生有多一些的表現機會，但也都是老師評量的參考。新課綱實施之後的這一屆學生，因為要提交學習歷程檔案，因此每個學生都很在乎自己的報告，做專題報告時都比以前認真。

舉例來說，我們學校有一門校訂必修課「專題寫作與表達」，這們課就像研究所的小論文一樣，從研究方法、文獻參考……一直到內容架構，要做質的研究，還是量的研究，最後研究結果是怎樣，還要發表討論。這門課，以前只有資優班和科學班才有，普通班不用，但一〇八課綱實施後，現在已經是校訂必修，所有高一學生都要上這們課。每個學生要找一個有興趣的主題來做研究。當學生把時間投入專題後，對有心研究的學生來說，是一個很好的機會。

我們學校還有一門課「自然科學探究與實作」，這是部定必修課，很多學校放在高二，但我們學校在高一就開設了。我們學校把基礎物理、化學放到高二，將統合物理、化學、生物和地科的自然科學探究與實作放在高一，是因為高一學生的自然科學思維還是統合的，而生活中解決問題的能力也是統合的、不分科目的。這門課讓學生學習怎麼設計實驗，自己去進行實驗，自己去找尋答案。

將專題寫作與表達和自然科學探究與實作這兩門課合在一起，學生就可以學會我們以前在研究所碩士班的研究方法了。

高二還有一門課「社會科學探究與實作」，當學生升到高二的時候，就會知道他們所要做的專題，不一定是自然科學，歷史、地理、法律、政治、經濟都可以，對學生來說，增加了很多研究的範疇和機會。

新課綱的彈性學習、多元選修，學生做什麼？

高一的彈性學習時間安排在週三下午三節課。彈性學習時間，學生可以針對自己要研究的主題，上網找資料，或去實作。如果有學生想要知道大學的科系在讀些什麼，也可以利用彈性時間，透過之前提到的「五校聯盟」選修課程，到大學上課。雖然大學的選修課程有人數限制，未必就能選上，但總是多了一些嘗試的機會。

現在高一還有開設資訊和程式設計的課程，這也讓學生學習到另一種研究工具。新課綱還增加了多元選修課程，高一、高二、高三都要開設。多元選修課程和校訂必修課程不同，多元選修是從學校開設的一、二十門課程中，選修一門課。

多元選修課不可以是升學的科目。這讓學生瞭解，到高中上的每一課程，未必都和升學有關，這些多元選修課，有些是開拓學生的視野，有些是生活實用的，有些是探究與解決問題的……

舉例來說，有一門「英語短篇小說選讀」的多元選修課，學生要看一本或二本英文小說，引導學生思考小說中提及或延伸的主題，除了可以讓學生深入剖析文本，發揮觀察力精讀文章，還可以透過討論，培養學生的批判思考能力。修過這門課，學生就知道原來英文小說是要這樣閱讀。

還有一門選修「永續的餐桌」，由家政、公民、地理、英文……等很多科一起合作，讓學生學習種稻子、麥子、各種香草、水果、蔬菜，種植以後做一些研究，農作物可能種不活、被蟲吃或長不好，這個過程就讓學生親自操作。這門課很受學生歡迎，很多學生上完這門課之後才知道，原來我吃的食物是這樣來的，同時也會去關注糧食問題、食安問題、以及吃對健康和文化的影響。用一門課就可以讓學生思考這麼多的問題。這門課和升學考試有關嗎？當然沒有。

學生也會透過這門課做一些研究，例如：一塊雞排的碳足跡是怎樣的？從研究的過程到最後的結論，他們會發現，盡量不要吃進口的食物，要怎樣養雞才健康，以及地球暖化的嚴重問題等等，學生得到很多不是升學方面的啟發，會去關懷生活、關懷社會。這是一件很好的事。

新課綱實施後，家長更要傾聽孩子的聲音，和孩子討論

新課綱實施後，家長開始注意，原來升大學不是只靠筆試，還有孩子的學習歷程檔案。對於孩子的學習，平常就要關心，不是等到高三考完學測之後才開始關注孩子準備資料的事。

現在高二、高三學生的學測，不管什麼類組，考科都一模一樣，都是國文、英文、數學、社會、自然，高一這屆，將來寒假學測時，就會分成數學A和數學B，學生怎麼知道要考數學A還是數學B呢？就要看想要進入的大學校系是採計數學A或數學B。所以是不是要先對大學校系有所瞭解，同時也要對數學A和數學B的內容有所瞭解呢？

現在的學生要提早關注將來想就讀的大學校系會採計什麼科目，這也是提醒學生提早試探未來升學，不要讀完高中之後都還不知道自己喜歡什麼。早點關心未來，早點知道自己喜歡什麼大學校系。對家長來說，因為孩子關心，家長也會提早認識大學校系，而且瞭解自己孩子喜歡什麼，這是一件好事。

我們學校現在高一升高二的時候，會分成五個班群，學生要選什麼班群，家長也必

須和孩子討論，班群選得對，對將來升大學才比較有幫助。例如將來要讀法律系，就要先瞭解各大學法律系會採計的科目，再應對哪個班群的課程比較有利，如果選的班群不對，對升學法律系就會不利。

所以新課綱實施後，家長更要陪伴孩子，傾聽孩子的聲音並和他們討論。

有些家長會擔心孩子讀了某一所大學校系之後，畢業後的出路是什麼？面對這樣的擔心，就有家長提出：「我們班有四十名學生，有很多的家長，其中有律師、檢察官、醫師……各類型的家長，我們可以利用自主學習的時間，或是班、週會的時間，邀請家長來和學生說明、分享他們的職業工作。學生就會比較瞭解這些工作要做什麼，有什麼甘苦，還有收入的情形。」

透過這樣的分享，學生就能早一點思考、認識自己未來可能的方向，而家長也能參與孩子的教育，這是很好的事。

新課綱對學校行政是極大挑戰，老師們想盡辦法不做行政

新課綱第一屆才開始做，做下去會怎麼樣？必須要去解決發生的事。舉例來說，請老師開多元選修的課，本校有二十八班，扣掉資優班，還有二十四班，現在要分成兩個群，各十二班。多元選修最少要開設十五門課（班級數乘以一・二），最多開設十八門課（班級數乘以一・五）。如果多元選修課只開了十二門，不夠三門怎麼辦？誰煩惱？結果就是行政人員到處拜託。行政人員拜託之後，又有老師開課了，但是加總起來，共開了二十門，又多了兩門怎麼辦？勸退誰？又要如何勸退？

「當初你拜託我開，我現在開了，你又叫我不要開！」被勸退的老師會這樣抱怨，因此很多行政細節必須處理得既讓老師願意開，又不會抱怨開不成，後來我們想到一個辦法，就是讓學生選，沒選上的，那就不好意思了。

還有學生的學習歷程檔案什麼時候要往上傳？其中有很多細節和變化，行政都要跟著因應。

因為行政難為，老師們都想盡辦法不做行政，所以現在教務主任換得很頻繁，有些

校長也只做一任就不做了。其實校長在教學、行政資歷方面都是比較資深的，也比較有行政能力，以前學校很多事都是由校長決定，但現在很多事都是由各委員會決定，例如學校老師打考績，校長不可以擔任考績委員，如果校長對考績有意見，只有一條路，就是退回考績委員會再議，再議的結果如果還是一樣，校長只能「如擬」，然後報到教育局。

新課綱面臨的挑戰

一〇八學年進入高一的這屆學生，新課綱升高三的時候，數學分數學甲和數學乙，數學甲比較難一點，數學乙稍微簡單一些，以前數學甲是給自然組學生念的，數學乙是給社會組學生學的，現在的大學指定科目考試，數學甲、乙都有，然而一一一年的分科測驗（即現在的指考），只有數學甲，數學乙這個考科沒有了，二年級選數學B的學生，升上三年級的時候，是否還要繼續選修數學乙？學生心裡可能會想，我選了數學乙，認真讀也沒有用啊！因為指考沒有數學乙的選考科目啊！再從校方角度來思考，學校是否還要開設數學乙呢？如果開了半天，學生都不來選怎麼辦？因為分科測驗只考數學甲，如果學校全部都開數學甲，不開數學乙，請問高二選的是難度稍低的數學B的學生，到了高三選修難度稍高的數學甲，讀得來嗎？

既然稱多元入學，多一個數學乙選考科目，讓學生多一項選擇又會怎麼樣呢？我們學校高二選修數學B的學生大約有一成五，其他學校的比例，或許有比一成五還高許多的，請問這些不想就讀自然組的學生，高三數學該怎麼選？他們不想選數學甲，但若選了數學乙，分科測驗又不考，所以最後的結果就是可能會選數學乙，但不會認真念。

為了減輕學生負擔，一一一年以後的分科測驗不考數乙，也不考國文、英文，請問高三學生還要認真讀國文和英文嗎？屆時，即使老師教得起勁，學生可能也提不起勁學習。既然要多元，是不是各種考科也應該多元，讓學生有更多的選擇機會，而不是盡量不要考，否則學生程度變差後，上了大學也不容易跟上。

校長的期許

1. 新課綱不能敷衍，也不能作假

新課綱要實施前，有些老師說，為了學生升學，一〇八課綱敷衍一下就好了。但我堅持，教育本來就是要「實事求是」，不能作假。如果我們心想為了學生好，所以「說一套做一套」，多元選修課程都是玩假的，不管選什麼，實際上的都是幫學生複習考試的科目，你想，學生會接受嗎？他們會不會覺得，「奇怪，老師平常不是這樣教我的，你在騙人嘛！」所以建中的多元選修課程，都不是升學要考的科目，而且學生也真的跑班上課。

多元選修開的都不是升學考試的科目，學生會認真上嗎？建中學生就是有這個成熟度。舉例來說，幾天前有個學生報告〈用程式設計去控制混音〉，引用的文章都是英文的，上臺報告也用英文，而且要接受臺下老師和學生的挑戰。有一名大學教授在場聽了學生的報告，提了一些重點要學生說明，結果學生把他所引用的公式解說得很清楚，教授聽完後確認學生是真的懂，「不是唬弄的！」教授說：「我在大學碩士班，也在教這

門課，要在你們這兒當老師，真的不容易！」

我們真的不要小看高中生，雖然不是每個高中生各方面都好，但只要是他們有興趣、想要去研究的某一學門，他們就會用心研究，甚至不輸大學生和碩士生，所以我們要給他們研究的機會，讓他們有機會做最好的自己。

學校的社團也跟著社會的脈動走，這幾年成立了創業社、投資理財社、創造發明社、無人載具社、機器人研究社等很夯的社團，最近哲學社也剛成立，除了研究東西方的哲學思想外，還要學習思辨。我們真的不能小看高中生，只要適當的引導，他們就很樂意的去讀這方面的書，研究這方面的學問。

2. 想幫助建中學生創業

校方一直想做一件事，就是幫忙建中的孩子有機會在高中時期就知道怎麼創業。學校有創業社，但是沒有錢，因此我們就想要籌募一個建中學生的青創基金，讓學生的創思有機會實現，只要學生提出proposal申請補助，通過後就讓他去創業。去年十月，我們開了第一次的青創基金籌備會議，希望先找一百位學生家長和校友，每位捐助一百萬元，就可籌到一億元。可惜受到新冠疫情的影響，沒辦法出國募款，因此現在要調整成先募集三千萬元。

「我既然有心要做這件事，也推動了半天，總不能全叫別人出錢，因此我也加入一份，捐一百萬元。」

大家或許不解，這件事和高中生有什麼關係？我們學生現在做的一些專題，例如無人飛機、機器人等，裡面有很多創造發明的元素，而且我們也有創造發明社，學生創造發明了多好東西，可惜沒辦法商品化，無法將他們的idea變成商品，貢獻社會國家。因此我們就想有什麼方法可以幫他們找到資金，讓學生寫proposal去申請補助創業，賠了錢也沒關係，至少讓學生學習到創業的觀念。

我一直從事教育工作，從沒創過業，為什麼會想要做這件事呢？二〇〇四年，我再回到建中當校長時，就發願要做二件事：第一、要把所有舊校舍都改建修繕好，這件事我已經完成了。第二、我要把校友的力量凝聚起來，所以我去了上海、去了美國很多州，去成立校友會。第一年去成立校友會的感觸尤深，當時在上海和一位八十七年畢業的校友聊到，他當時四十多歲，在上海開了一家公司，做得很好，有很多建中的學弟在他那兒工作。他說，如果他以前讀建中、讀臺大的時候，有一位老師或一位學長跟他談、跟他分享如何創業，他可能可以減少很多年摸索、奮鬥的時間。他說，我們建中、臺大畢業的，比起淡江、逢甲、中原等大學畢業的，創業的比例太低，為什麼會這樣呢？因為建中人、臺大人太聰明，做事前多會先想成功的比例，成功比例要達到八十％、九十％才願意做，但很多其他學校畢業的，只要有個三、四成的成功機會，就做了，就算失敗一次、二次或三次都沒關係，只要有一次成功就不得了了。中國大陸人的狼性更強、更可怕，只要有二、三成的成功機會，他們就去拚了。未來的世界，如果我們建中人還是那麼保守，不敢出來帶領創造世界，那就要一直作別人的幹部，當別人的幕僚，幫人家賺錢。

這位校友說的沒錯，我在建中二十多年，看到的現象就是這樣。

3. 提升建中學生未來領導世界的能力

為了提升我們學生未來領導創造的能力，除了多元學習、幫助學生創業之外，我在學校還用力推動以下幾件事：

雖然大學入學考試不考，但我仍力推第二外語，包括日語、德語、越語、法語、西班牙語、韓語、柬埔寨語和緬甸語。剛開始推的時候，很多家長和老師都反對，「學第二外語做什麼？這些語文等上了大學再學嘛！現在考大學都不考，哪一個學測、指考要考日文、德文……？」英文老師尤其反對，「英文都沒學好就學德文、法文，會把文法搞亂啊！發音都會搞錯啊！」

你覺得呢？我覺得，不可能嘛！

我跟老師說，我們這邊學第二外語，不要趕進度、一直教文法，要多一點對話、要實用，而且要教他們文化，吃的、住的、用的……等等生活經常接觸的。如果你帶學生出國，當地的文化都不清楚，你根本不知道人家在說什麼，怎麼溝通呢？

我們學第二外語，還有一點不一樣。我們可以接待來臺參訪的外國學生。日本有「修學旅行」，一次就會來三、四百人，臺北市有哪一所學校可以一次接待四百名日本學生？可以的話，也是集中在大禮堂交流，但日本人不喜歡那樣。

建中第二外語修日文的有四百五到五百人，當四百名日本學生來到建中時，我們怎麼辦？我們就讓接待日本學生的建中生停課半天，好好交流。我們讓建中生和日本學生交錯坐在一起，日本學生就是你的學伴，停課這四節課，你就好好和他交流，你的日語會不會進步？當然會進步。但是建中生的日語和日本學生比起來，還是有很大落差，如果全用日語交談二十分鐘，建中學生就吃不消了、講不下去了，接下來的三個多小時怎麼辦？接下來就是講英文了，但英文要講三個多小時也不容易，於是比手畫腳、用寫的、畫的或查手機，等結束回家後，學生會覺得英文重不重要？當然重要！

同樣的，有八十名德國學生要來交流，請問要哪所學校接待？還是建中。有法國學生來交流，也還是建中接待。通通都來建中交流沒關係，我們接待的學生就停課半天。

剛開始，家長、老師罵得要命，「怎麼可以停課呢？」後來問學生，學生說太值得了，在臺灣的大學讀四年德文或法文，都很難得有和德國人或法國人在一起大半天的時間，他就在你旁邊和你講大半天的話，相談之後，你不但覺得德語或法語重要，你也會覺得英文更重要。

因為學生覺得英文更重要，就會努力讀英文，因此建中這幾年大學學測和指考的英文成績，都比以往更為亮眼。

再來，我們的科學班、人文社會資優班和數理資優班，都是五月份發表學習成果。

以前發表成果都是邀請一女中、中一中、雄中等國內的高中學生，現在也邀請日本、新加坡、韓國、香港和中國大陸的學生。如果學生發表成果時講中文，日本、韓國的學生可能聽不懂，因此我要求學生用英文發表，而且我們對於想要來建中交流的外國學校，都請他們安排在五月份過來，順道參加我們的成果發表。這樣做的頭一、二年，老師反映，「你以為你的學生多厲害啊！」後來證明，「我們學生真厲害！」只要在一年前告知：「明年五月的專題研究，全部都要用英文發表，包括PPT也都要用英文。」請問學生做得到嗎？當然做得到，而且學生怕外國人問倒他，就準備了很多問題，別人問他時，他就用英文回答，很多老師在旁看了都很驚訝。有些老師的英文可能都沒有學生強！

現在做成功了。我們有沒有教英文？有！但我們用的方法不同，不是整天要學生背單字、片語、文法、考托福。我們透過這些方法讓學生感受英文很重要，學生學習英文的動力增加了，就更努力了。剛開始時，有老師說：「有可能嗎？」這幾年，包括很多任家長會長都說太好了，這樣做，孩子的英文能力更好了。

外國學生通常都會好幾種語文、音樂和運動，我們的孩子常有出國交流機會，因此我也鼓勵建中學生至少要學會一、二種樂器和一、二種運動。我們學校音樂性的社團有十多個，學樂器可以當休閒，不會無聊。

4. 要改變學校，要改變學生，要從自身做起

我第一年接建中校長的時候，那一年的畢業典禮，校長室沒有一束鮮花，也沒有一份禮物，只有幾張學生送的卡片。因為我不收鮮花和禮物。當時有一名學生，因為我幫他推薦上了美國一所大學，因此他寫了一張卡片連同媽媽幫他準備的一支鋼筆送給我，收到學生送的卡片和鋼筆後，我先恭喜他，然後問他鋼筆上有沒有刻名字，他說沒有。我接著說：「太好了，你拿回去跟媽媽說，以後去美國讀書的時候，哪一位教授對你最好，或是你的指導教授，你就送給他。」

「不行啦，我媽媽說要送給您啦！」

「你聽我的還是你媽媽的？卡片我留下，鋼筆你拿回去！」

我不收禮，所以我做事沒有負擔。我也不向長官送禮，因為我也不想讓別人有負擔。因為我不收禮，有些老師也受到影響，不收學生家長的禮，只收卡片。

不是說收禮就是錯，可是我們的學生都不會賺錢，禮都是家長送的。而且老師如果收禮，家長就要想男老師送什麼，女老師送什麼，哪些老師要送，哪些老師不要送。老師之間也會比來比去，風氣不好。但現在慢慢調整過來了。

有老師說，我一點都不像校長。

我自詡我就是一個老師！校長又怎樣，又有什麼了不起？你看我們的局長也是那麼平易近人啊！我們到學校就是辦教育，不是來交際應酬的，這樣對我來說，很輕鬆。

你要改變學校，要改變學生，就要從自己做起。你自己都不願改，要貪圖享受，你要怎樣改變別人？

二、臺北市松山工農

十二年國教課綱將中小學生的教育分成五個階段，第一階段是國小一、二年級，第二階段是國小三、四年級，第三階段是國小五、六年級，第四階段是國中（七、八、九年級），第五階段是高中（包括普通型高中、技術型高中、綜合型高中、單科型高中），每個教育階段要把學生培育出來的圖像不同（本書第二章有說明），每一所學校再依據課綱的圖像，訂出自己學校的願景和學生的圖像。

臺北市松山工農是一所辦學頗具口碑的職校，有技術型高中課程，也有綜合型高中課程。學校的願景是：培養全人發展之未來領袖。學生圖像有「五力」，分別是：

1. 品格力：陶冶學生具核心品格能力，如同理心、友善、誠實、耐心、合作、謙虛等素養及其內化與實踐，以達良好身心素質、公民意識及道德實踐。
2. 優活力：激發學生在參與和體驗各種活動皆能展現充沛的活力，表現出藝術涵養與美感素養，於活動參與中善用符號運用與溝通表達以促進人際關係與團隊合作，發揮工農的精神。
3. 創新力：培養學生發展好奇心、流暢性、變通性、開展性、改造性、原創性、獨特性等水平與擴散思考能力，以能系統思考與解決問題並創新應變。
4. 卓越力：提升學生在各學科的專業更加精進深化，並能與時俱進，給予學生最新穎的專業技能，以自我精進，並將所學加以規劃運用及執行。
5. 移動力：要強化科技資訊處理能力、外語能力、合作能力以及公共參與的能力，及深化對多元文化與國際理解，以為進入未來挑戰做準備。

「職校有很多科別，本來就很多元。職校學習本來就是要融合知識、情意和技能，本來就是素養導向的教學。因此新課綱實施後，對職校的衝擊沒有普通高中那麼大。」臺北市松山工農校長何杉友說，雖然新課綱對技高的衝擊沒有普高那麼大，但實施一年下來，還是帶來了不少改變。

一〇八課綱實施後為松山工農帶來了哪些改變？以下是何杉友校長受訪的內容：（以何校長第一人稱方式呈現，訪問時間：一〇九年六月二十三日）

新課綱，高職課程的三大改變

新課綱在高職部分，變化較大的主要在以下三個地方：第一、彈性和選修課程；第二、跨領域學習；第三、建置學生學習歷程檔案。

在彈性學習時間，可以做得很多很廣，不論是自主學習、選手培訓、補強課程或特色活動，都可以運用彈性課程時間進行。在新課綱實施之前，選手培訓和補強課程一樣在做，但不同的是，之前做選手培訓，要利用假日，現在則可以利用彈性時間進行。之前老師要補強學生實作能力，必須利用下課或放學後的時間，現在則可利用彈性時間進行補強或充實性的教學。

彈性時間和選修課程還可以進行跨校跨領域學習。我們學校和松山家商很近，下學期開始，我們兩校會合作跨校選修課程，我們的學生可以去松山家商學外語、設計或一些商業知識；松山家商的學生可以到我們學校學食品加工、園藝或修理電器等課程。跨校選課的作法，是兩校的選修課程各開若干名額給對方學生選修。

新課綱的彈性時間對我們來說，很好利用。

在跨領域學習方面，我們希望學生不只學習本科，也要涉獵其他領域的課程。例如，我們電子科目前在做機器手臂的應用教學，電機科和機械科有興趣的同學就可以來上；同樣電機科、機械科所開設的課程，別科的學生也可以上。食品加工科有開烘焙課，其他科有興趣的學生也可以去上。

學生學習歷程檔案的建置，主要是把學生的學習過程建置起來，現在學生的學習歷程和升學掛在一起，擔心的是會變調，怕學生委託外面的高手幫忙做。

新課綱，老師教學的三大改變

新課綱實施後，老師有沒有改變？有改變，而且老師必須要改變。老師第一要改變的就是教學方法和評量方式都必須扣緊素養。

所謂素養，就是學習要從認知開始，進而融入技能和情意。比如說牛頓定律，除了教理論以外，還可以去實驗，去反思從實驗裡面學習到了什麼。

老師第二要改變的是課程合作。以往教物理就物理，現在教物理，還要再加一個教機械的老師進來，這樣教牛頓定律、力舉、力臂，可能就有不同的結果。

另一種課程合作的方式，就是老師和業師或科大的老師協同教學。業師可以提供學生很多現場的經驗和知識，科大老師可以提供更寬大的視野。這和之前的教學又會不同。

第三，老師要學習課程創新，以學生的學習為主軸，讓課程變得更有趣。十二年國教課綱要讓學生自動學習，課程有趣，學生就會自動自發學習。

現在技職的學習環境快速改變，我們的學習內容也有新的轉變，例如，現在電子科在做機器手臂實驗室，我們有開機器人課程，也提供各科做跨領域學習。機器手臂實驗室和機器人課程，學習的場域設備都要改善或更新，幸好教育部和教育局都給了學校很大的支持。除了教育當局的支持，同時需要老師去學習應用於教學上。

新興的教學科技，學校都建置得差不多了，例如大螢幕的白板，老師可以直接在電子白板上教學，透過資訊教學，學生學習就不會那麼抽象了。當然，老師也要跟著改變去學習應用這些資訊教學設備。

新課綱，學生學習的三大改變

新課綱對學生的改變有三：

第一、最主要的是學習態度的改變。我們最早期的教育是填鴨式的，學生想吃魚，就給他魚吃；後來比較重啟發了，學生想吃魚，要教他怎麼去釣魚；現在則更進一步的還要教他怎樣製作釣竿和捕魚工具。

這就是十二年國教課綱很重視的「主動學習」。

學生要學習怎樣轉化知識。老師教你怎麼做網子，你就要舉一反三，和製作網相同技巧的其他東西，你也能夠做得出來。

學生還要有終身學習的認知。人生的道路，要不斷學習，才不會落後。

第二、現在技術型高中的學生，不只要學會一技之長，還要學會好幾技之長。例如，我們的學生畢業後，有些會想要自己開公司，開公司不僅本身的專業要強，還有一些跨域的專業也要學，像是電機科畢業的學生要開公司，除了本身的水電執照外，還要有創業的相關能力。為了提供學生這方面的概念，我們請了科大的老師到校來教學生怎樣開公司，怎樣蒐集資料，怎樣籌資金。這是我們以前沒有的課程。

每個孩子都有自己的天空，至於是哪一片天空，就要透過教育，讓孩子有發揮天賦的機會。在學校接受教育的時候，要給他們一些種子，這些種子會不會發芽，就要看他們將來的需求，等到需要的時候，他就會發現，「我以前在松山工農學過這方面的知識」，這樣就可以減少摸索的時間，比較快速的進入他要走的路。

第三、學生的學習要從教室走到戶外，還要進入業界。新課綱實施後，我們有些課程會請老師帶學生到業界去參觀學習，觀摩業界到底在做什麼？在我們將來進入這個行業之前，應該做好哪些準備？在業界我們可以學到哪些東西？

新課綱的三大挑戰

第一個挑戰是升學制度，要突破目前的升學制度，又不會不公平，是很大的挑戰。現在強調素養評量，從國中升學到高中職，真能評量出學生的認知、情意和技能嗎？從高職升學到大學或科大，大學或科大是否真能評量到學生學到的東西？當然現在的評量有好幾個面向，除了一般的學科之外，還有學生的實作能力和學習歷程檔案，這些能不能統合看出學生的素養？尤其現在少子化，很多學校招生困難，在招生困難的情況下，他們還會重視這些嗎？這些是我們的顧慮。

第二個挑戰，是國中學生升學到高中職這個階段，家長還是很難打破明星高中的迷思。

第三個挑戰，是很多學生從國中進到高中職尚未定向，他真的知道高中高職的區別？真的知道未來想學的東西嗎？雖然國中有做性向測驗、或者是興趣調查等等，但是我們未必跟著那樣走。

我認為學生的性向或興趣會游移，比如說，一名進入本校機械科的學生，念沒多久就說沒興趣，想念園藝科；一名念園藝科的學生，念一學期後說沒興趣，要轉到其他科……。我經常要蓋學生休學的章，問他們休學的原因，幾乎都是「沒興趣」！我們沒辦法讓學生一進來就按照自己的興趣走，或者是說他根本就不知道自己的興趣在哪裡，這是教育工作者一個很大的隱憂。

國中生進來，他對這個科究竟是瞭解還是不瞭解？有沒有符合他的性向？學生的性向、興趣和他未來想從事的工作是否符合？這些都是很重要的。我一直思考，怎樣才能讓進入松山工農的學生都進到他喜歡的科別，即使試探一下沒興趣之後，也有機會轉到別的他有興趣的科別。

校長的期許

1. 成就每一個松山工農的學生

松山工農學生畢業後升學，上國立科大的大約有六成，上明星科大的約有三成，表現很好。因為我們學生進入科大後的表現也很好，科大的認同是夠的，因此新的入學方式實施後，松山工農進入明星科大的比例還會再增加。但我們學生畢業後，也有些想要先去工作，對於這樣的學生，我們也盡力支持。

例如，今年有一名汽修科的學生畢業後要先就業，為了提升專業汽修能力，畢業後就能夠直接進入職場，高三下學期他就進入職訓中心接受半年的訓練。為了讓這名學生能夠完成職訓，又能夠順利畢業，學校開過二次專案會議，最後決議採取「彈性評量」，所有汽車修護的專業科目都由職訓中心來打分數。

這個案例對學校來說，是很大的挑戰，也是很大的突破。我們必須承認，職訓中心的汽車修護設備比學校好，為了「成就」孩子，我們願意給他最大的支持和輔助，讓他畢業後可以直接進入職場。進入職場若干時日後，如果他覺得還要再學習，可以再進科大進修，這樣也很好。

之前到福斯內湖廠做建教合作訪視，廠長是松山工農畢業的，他也是畢業後先進汽車修護廠工作，然後再進修，後來升到廠長。

影星郭書瑤也在我們學校電機科讀過。她很特別，剛進學校就是一副明星架勢，很有表演天分，很會主持活動，而且都不用看講稿。雖然松山工農沒有表演相關科別，但一些重要的活動都請她主持，發揮她的天分。

2. 成就每一位老師

徒課綱不足以自行，老師是教育改革中非常重要的一環，我們要成就每一個孩子，就要先成就每一位老師，成為一位兼具知識、情意、技能有素養的老師，也就是我們常說的經師與人師。

我經常在早自習的時候到班上走一走，我發現早自習就在班上陪伴學生的老師，學生需要他們的時候，他們就在，他們帶的學生，不但成績好，品格也好。要有什麼樣的學生，先要有什麼樣的老師。

三、新北市三重高中

「我國三因為不會看五線譜，被老師打了五線譜在我臉上！」

新北市三重高中校長莫恒中是很資深的音樂老師，發表過多項音樂作品，參與過許多國小、國中和高中音樂教材歌曲的創作及伴奏編寫，也編寫各層次的鋼琴、樂器視奏教本。但很難想像，直到國三他都還看不懂五線譜。有一天，音樂老師要他看五線譜，他不會，沒想到老師一巴掌甩過去，一道火紅的五線譜就印在他的臉上。

「我後來為什麼會看五線譜？」莫校長說，因為國中畢業後他考進師專，師專學生畢業後要當小學老師，每一個師專學生都要會彈琴，那是師專生的基本能力。因為對音樂有興趣，就持續學下去了。師專畢業後，又進入臺灣師範大學音樂研究所取得碩士學位，還做過一年的交換學生到維也納進修音樂。他擔任過多所國小、國立戲曲專科學校和高中的音樂老師。

十二年國教課綱的願景是「成就每一個孩子」，經歷過五線譜事件的莫校長，感受尤其深刻。

每個人的家庭和學習背景不同，有些起跑點在前面，有些落在後面，如何成就每一個學習起跑點不同的孩子？莫校長為此幫三重高中的學生設計了一節課程〈人生漂移不定的起跑線〉，並進行公開授課。人生不怕有夢想，即使起跑點落後，就像他從師專才開始學五線譜，只要透過後天的學習和努力，夢想就有機會實現。

一〇八課綱解構了高中端的課程，除了部定必修和選修課程之外，還有校訂的必修和選修課程。校訂的必修和選修課程如何開發出來，莫校長說，必須符合學校的願景，學生的圖像和學生的需求。學校願景、學生圖像和學生需求是「由下而上」訂出來的，課程是為了達成學生的圖像和學生的需求開設的。因為學生才是學校教育的主軸。

三重高中的學校願景和學生圖像如下：

1. 學校願景：「真知-Genuine」、「善群-Virtue」、「美力-Beauty」、「律己-Model」是以「真善美律」校訓為源，其中「真知-Genuine」在於追求真知、實事求是及終身學習；「善群-Virtue」適切互動溝通、多元包容與開展國際視野；「美力-Beauty」具備藝術感知、藝術涵養與美感素養；「律己-Model」促進自我精進、探索規劃與系統思考。

2. 學生圖像：學校課程發展主軸為「國際」、「科學」、「藝術」，學生適性依學校規劃課程學習地圖，包含部定課程、校訂課程、彈性學習課程，將使每一位學生成為具備「探索力、創新力、品格力、藝術力和國際力」等五種核心能力的「多元國際人」、「科學探究人」及「藝術文創人」。

品格力：志工服務、環保意識、公民素養。

探索力：閱讀賞析、探索參與、發表分享。

創新力：思辨創新、探究實作、規劃執行。

國際力：文化理解、外語溝通、國際接待。

藝術力：藝術感知、藝術鑑賞、美學涵養。

一〇八課綱已實施一年，對三重高中帶來了哪些改變？以下是莫校長受訪的內容（以莫校長第一人稱方式呈現。訪問時間：一〇九年六月二十四日）

課程設計與時俱進

課程要與時俱進，要能讓學生學習之後，可適用於未來的生活，學校和老師不能再用二、三十年前的經驗複製在學生身上。如果我們再用過去的經驗幫學生設計課程，學生如何適用未來的生活？因此老師要不斷隨社會變化與時俱進。因應新課綱，本校老師除了自我進修之外，還要和其他老師共備課程，team work，彼此碰撞，激出新的思維。

引導學生自主學習

自主學習是新課綱裡面非常重要的一項學習方式。但學生要如何自主學習呢？去年新課綱實施後，有老師說，「我也不會自主學習啊！」於是我就思索要怎樣給老師和學生示範自主學習？我是教音樂的，但沒學過薩克斯風，於是我就花了六萬元買了一個薩克斯風，開始google相關資料，從怎樣組裝開始，我寫了一份自主學習計畫，並依照計畫自主學習。從去年一、二月到現在半年的時間，我發表了四場自主學習成果。

老師如何引導學生自主學習，首先要陪伴他們，讓他們思索想學的東西，如果不知道要學什麼，就閱讀，從閱讀中找到自己想學的。新課綱非常重視學生閱讀素養的提升，因此我們學校學生升上二年級的時候，要嘗試做小論文，閱讀的層級必須提高。

如果學生的自主學習想做科展，也非常好，學校一樣請老師引導學生自主學習，訂定自主學習計畫，並加以指導。

適性揚才

我們學校有個學生的家長，父母都是律師，她的姊姊很會讀書，現在就讀臺大法律系，符合父母的期望。這個學生不太會念書，但是喜歡做服務，而且國際溝通能力強，曾自費去尼泊爾做國際志工，如果把她的升學目標設定在臺大法律系，可能不符合她的性向和能力。每個孩子都有適合自己的舞臺，要在自己的舞臺上有所發揮，這名學生後來甄選進入日本一所大學的國際商學部就讀。

我們的孩子將來要和國際競爭，要有跨域能力之外，也要適性發展，因此學校和老師的思維都要跟著改變，不能什麼是事都蕭規曹隨。例如，學校要甄選音樂老師，裡面有一項規定是不提供鋼琴，也不能帶樂器，只能帶課本。你覺得如何？新課綱是素養導向的教學，音樂老師的技能也很重要，音樂老師教學，不能只靠一張嘴啊！

現在的老師教學，除了講課之外，也要會提問題，從提問中引導學生思考和自動自發學習，同時從學生的回答中，掌握每個學生的學習狀況，適性引導學生學習。

現在的多元入學管道有繁星、申請、分科測驗、特殊選才等等，學生不會被定型，可依自己的性向興趣決定自己比較適合哪一種入學方式。「只要讓學生去做他想做的事，那個學習成果是很驚人的。」因此老師的引導是很重要的。老師不但要協助學生完成學習歷程檔案上傳，還要輔導學生尋求適合自己的大學入學方式。

新課綱上路後，老師也都在適應，現在小孩子不像以前那樣自動自發，如何去引導他們能夠自動自發自主學習，這是老師必須接受的挑戰。現在因為疫情關係，早上師生進入學校要量體溫，我早上五、六點就到學校，晚上還有進修部要上課，所以要到九點、十點才離開學校，雖然工作時間那麼長，但這就是一個教育工作者的陪伴。

不僅老師，校長也要公開授課

校長權威行政領導的時代過去了，現在必須改變成課程和教學領導。學校要求老師公開授課，我身為校長，我也是老師出身的，同樣要公開授課。

莫校長公開授課的課程是：〈人生漂移不定的起跑線〉。授課大綱如下：

新北市立三重高中一〇八學年度第一學期校長公開授課
生涯規劃科—莫恒中校長
觀察者：
地點：操場、行建館
時間：一〇八年九月十七日上午八時十分～九時

教學單元	人生漂移不定的起跑線	單元節數	1節課
教材來源	自編	教學對象	高中一年義班
教學方式	共同討論、問答、實作	撰寫者	莫恒中
核心素養	綜S-U-A1（自主行動-身心素質）：探索自我與家庭發展的歷程，並進行生涯規劃與發展。 綜S-U-A2（自主行動-系統思考）：確立自我需求與目標，透過具體可行的學習方案，積極面對及處理各種挑戰。 綜S-U-B1（溝通互動-溝通表達）：適當表達自己的想法、情感與價值，合宜的扮演學習者角色。 綜S-U-C3（社會參與-多元文化）：肯定自我價值，尊重與欣賞多元觀點。		
學習目標	1. 能積極參與各項分組活動。 2. 能省思、探索自我與家庭發展的歷程，進行自我定位，確立需求與目標。 3. 能適當表達自己具體可行的方案，積極面對及處理未來各種挑戰。 4. 能勇於分享自己對生涯規劃與發展的想法、情感與價值。		
學生先備條件分析	1. 高一義班新生，男16人，女22人，計38人。 2. 身心狀況佳，能跑步者（需確認有無身心疾病無法跑步者）。 3. 能進行口語表達、溝通。		

具體目標	教學活動流程	時間	教學評量
1-1 觀課人員清楚授課之教學目標、教學內容、教學策略與評量。 2-1 第1組同學能清楚依老師詢問10個問題向前進或留置原地。	一、準備活動： （一）課前準備 1. 教師 (1) 麥克風、哨子。 (2) 大電視（2F會議室）。 (3) 準備2組各5瓶飲料及獎品。 (4) 製作本單元投影片。 2. 學生：運動褲、球鞋、筆。 3. 向觀課老師說明教學目標、教學內容、教學策略與評量。 二、發展活動： （一）暖身運動3分鐘。 （二）活動一：操場集合，漂移的起跑線：分成男女2組，各約15～20人。 1. 第一組（女生）開始在相同的起跑線上，聽老師詢問10個問題做動作： (1) 你是家裡的獨生子或獨生女的同學？大步向前2步。 (2) 目前你與你父母雙親住在一起的同學，大步向前2步。	20	能依問題做動作

2-2 第1組同學依不同之起跑點位置後，聽從哨音向前衝刺獲取獎品。 2-3 第2組同學在相同的起跑線上，能聽從哨音向前	(3) 你的父母都是大學以上學歷畢業的同學，大步向前2步。 (4) 你有屬於自己獨立房間讀書的同學，大步向前2步。 (5) 你有學過課外藝術才能專長，例如音樂（樂器）、美術、書法、舞蹈等，大步向前2步。 (6) 有過一次以上出國旅行經歷的同學，大步向前2步。 (7) 你的父母幫你請過私人家教的同學，大步向前2步。 (8) 除了教科書之外，你經常（每個星期）都有閱讀課外書，大步向前2步。 (9) 從小到大經常保持班上前10名的同學，大步向前2步。 (10) 已經確定未來目標，非常明確3年後要念什麼科系的，大步向前2步。 2. 確認好各自不同之起跑點位置後，吹哨起跑，前5名各有1瓶冰涼飲料。 3. 第二組（男生）開始在相同的起跑線上，不問問題，直接吹哨起跑，前5名各有1瓶冰涼飲料。	能聽從哨音奮力向前跑步衝刺

衝刺獲取獎品。 3-1 各組能清楚說出上課至今所作的活動。 3-2 各組能清楚說出問題的感受。 3-3 各組能相互討論詮釋問題。	（三）活動二：行健館集合，1～5報數，分成5組，各自圍成圓圈坐下，進行下列 ORID 問答： 1. Objective（客觀性問題）：各位同學，從上課到現在你看到了什麼？我們做了什麼事？（只說出看到的情景） 2. Reflective（反映性問題）： R1：請第一組中有獲取飲料的同學，說一下你的感受？ R2：請第一組中沒有獲取飲料的同學，說一下你的感受？ R3：請第二組中有獲取飲料的同學，說一下你的感受？ R4：請第二組中沒有獲取飲料的同學，說一下你的感受？ 3. Interpretive（詮釋性問題）：各組相互討論。 I1：第一組獲取飲料的同學，公平嗎？哪裡不公平？ I2：第二組獲取飲料的同學，公平嗎？ I3：第一組同學中，起跑前已落後的同學，你認為他需要奮力衝刺向前獲取飲料嗎？有機會嗎？	25	參與問答 參與討論、回答

3-4 各組能相互討論問題，並分享決定自己未來之規劃。

I4：第一組比賽時，老師所問的10題問題中，有哪幾題與個人後天努力無關？

I5：第一組比賽時，老師所問的10題問題中，有哪幾題與個人後天努力有關？

4. Decisional（決定性問題）：各組相互討論與分享。

D1：人生本來就不是一場公平的遊戲，M型化社會、貧富差距、不同家庭背景，造成同學們不同之優劣勢。但是我們可以一步步扭轉劣勢的，可以靠什麼？

D2：跑了雖然不一定追得上，但是一定會比你現在更好！這就是人生，「不公平」是它的本質，但可以讓什麼成為你最強的特質。

D3：與大家分享自己的優劣勢，為了3年後的升學、出國或就業，你將如何做與規劃？

三、總結活動：

（一）總結：

1. 《愛麗絲夢遊仙境》中紅皇后說的一句話：「你必須拼命奔跑，才能留在原地。」面對知識爆炸和快速變化的時代，不斷的自我學

參與討論、回答

習，自主學習勝過強記、死記、硬記—貝多分。

2.「學習就是逆轉人生的關鍵，你可以不讀書，但不能停止學習，更要學會終身學習。」

3.「每個人都是天才，但如果你要一隻魚去爬樹，他終其一生都會覺得自己是笨蛋。」

4.「人生可以玩得很精采的前提是—你有沒有找到對的戰場。」現在將就，你的人生也就這樣了。

5.「如果你當兵，你可能會成為將軍：如果你當神職，你可能會成為教皇。但是，我想成為教育家，所以我成為了校長！」

6.「只有當你是你自己的時候，才是獨一無二。」

7.「成績不能定義你、職業不能定義你，只有夢想才能定義你是誰！」

8.「人生最大的悲劇不是失敗，而是將就。」同學們，人生不能將就，你將就，你的人生就這樣了。

（二）回去後將學習單及對校長授課的意見表填妥，周五前班長收齊繳回至校長室。

5

能完整寫完學習單及授課的意見表。

這堂課，學生的回饋很多，就像有一名學生在意見表中所寫的，「謝謝校長幫我們上了一節課，瞭解每個人的起跑點不同，該如何用後天努力去追上別人，瞭解自己的優點，並且活用自己的優點。」

新課綱的挑戰

1. 一年級升到二年級的時候要分學群，共有文史、法政、商管、理工、醫農五大學群，不同的學群，有不同的修課。學群分好後，各學群的學生人數非常懸殊；此外，有些課程，例如高二的探究與實作課程，這是自然科領域裡面的跨科協同教學，每一堂課都要有二位老師協同教學；再加上我們現在是新舊課綱一起實施，在行政上，在排課、調課上，很困難。
2. 學校場域空間沒有像大學那麼寬敞，有那麼多的教室可以讓學生依照他們的屬性去安排教室。
3. 自主學習課程可否讓學生到校外學習？學校還是要顧慮學生的安全，不能說學生要去外面自主學習，就讓他去。不過慢慢地，我們未來還是會朝向只要學生有提出自主學習計畫，就同意他們到外面去自主學習；但高一、高二還是要有一些制約，先讓他們瞭解什麼是自主學習，如何寫一個計畫，然後才能依照計畫去做自主學習。

4. 未來大學考招，學習歷程檔案是否真的能用得上？這個部分，未知。一一一年以後的大學考招怎麼做，將會是學生、老師、家長信不信賴學習歷程檔案這套作法的關鍵。我們現在也都找大學老師來看我們的授課計畫，授課給教授們看，他們都覺得我們教學改變很多，我就跟大學教授說，你們選才的方式也要跟著改變，不能只靠紙筆測驗，還要看我們學生的學習歷程檔案。我們已經試行了我們的探究與實作課程給大學教授看，接下來還要展示多元選修課程給十位大學教授看，讓大學端知道高中課程和教學的改變。新課綱實施後，未來會變成怎樣，實在說，「你大學要怎麼考招，我們高中就怎麼去教。」大學考招的影響非常大。

5. 國中升高中的考招沒有跟著調整，擔心國中的彈性課程和會考以外的科目被會考綁死。這就是「公平壓抑了適性發展和多元學習」。這就像我之前講的音樂教師甄選，為了公平，什麼都不可以帶，只能拿一本課本上臺去教書，為了公平，抑制了我們教育的本質。

四、臺北市中崙高中（國中部）

臺北市中崙高中的學習密碼是八四一〇一。

八四一〇一，有人說很難記住，但也有人說很好記住。為什麼？說八四一〇一不好記，是因為不清楚這數字的來由；說八四一〇一好記，則是因為知道這數字的來由太有創意了。

八四一〇一可以拆解成三組數字：八、四和一〇一。先說一〇一。

或許有人會想到一〇一大樓，沒錯，確實和一〇一大樓有高度的連結。一〇一大樓給人「卓然自立、領袖群倫、世界菁英、頂尖指標」的象徵意涵；中崙高中的學生圖像是「自立自主、合群合作、卓越公民、世界領航」，和一〇一大樓的象徵意涵多有契合之處，因此中崙用一〇一作為學生圖像的代號。巧的是，中崙高中的地址是「八德路四段一〇一號」，又出現一個一〇一，因此學習密碼中定然要有一〇一這組數字。

再說八和四。

八代表中崙學生的八大核心能力：自信自主、統整思辨、溝通傳播、尊重欣賞、合作貢獻、科技創新、全球行動、前瞻領導。

四代表中崙學生的四個關鍵素養：人文素養、科學素養、國際素養、數位素養。所謂「誠於中，形於外」。一〇一是中崙學生散發於外的圖像，八和四則是中崙學生經由學校三年培育而內化的能力和素養。

中崙高中是一所完全中學，包括普通高中和國中。一〇八課綱實施一年以來，學校發生了哪些變化？因為採訪校長孫明峰時，我希望他多談些國中部分的改變，因此這篇訪談內容，多側重在國中部分的變化。以下是孫校長的訪談內容：（以孫校長第一人稱方式呈現。訪問時間：一〇九年六月二十三日）

中崙所有的國一生都要上專題研究課程，可惜不能像高中一樣建置學習歷程檔案

十二年國教課綱在國中部分的改變，相較於高中，是比較小的。因為高中整個課程結構完全改變了，老師教學也變得更複雜了，但是在國中，統一的部定課程之外，只留了六小時的彈性課程設計。國教署很嚴格要求，這些課程必須融入生活議題。老師可以針對學校的發展、學生專長能力的培養來設計課程和教學，今年雖然是第一年實施，但前幾年學校就已醞釀準備了，所以我們學校也開設了一些像這樣的課程出來。

我們學校七年級，也就是國一學生，全部都要上專題研究課程，課程名稱是「神奇筆記術」，每週一節課，上一學年。一學年上下來，學生探討的主題五花八門，有探討韓國偶像女團的歌曲和制度、日本網友最喜歡的運動漫畫類型、臺灣家長對孩子從事電競的看法、黑人抬棺的探討、防疫大作戰比較臺灣和美國的防疫方式、金正恩的治國術、手機對生活的改變……等，這些學習成果沒有辦法像高中一樣納入學生學習歷程檔案，實在太可惜了。

與校長的訪談中，神奇筆記術的授課老師吳宜蓉也在現場。她說，專題報告都有學習歷程和步驟，老師將所有學習歷程都拆解成學習單，包括：議題、封面設計、學習動機、資料蒐集、擬定大綱、如何探究問題、因果關係的推論、以及如何引註資料等，老師都會引導學生進行。例如有一組學生做黑人抬棺，原來採取的是搞笑的方向，後來和學生討論之後，學生就很嚴肅認真的看待這個問題，轉換成探討迦納的習俗，他們這個專題做得很好，封面也設計得很棒。學生做專題一定要讓他們有興趣，否則就會做得很痛苦。和孩子討論做出專題，那樣的學習才是真的，孩子的創造力真的超乎我們的想像！

老師以前大多是依賴教科書教學，現在還需要自己設計課程、跨領域教學，自己原來專精的學科之外，還要發展其他課程，人才培育不是只有考試分數而已，可惜高中學生學習歷程檔案納入升學參採的設計，並沒有在高中入學採用，國中升學高中如何把高中升學大學的精神銜接起來，我認為這很重要，這是短期之內必須展開的事，否則學校老師的教學，還是會被會考的最低錄取分數綁住，影響新課綱多元適性的發展。

過去考試只著重紙筆測驗，現在多了一些動手做的作業，要讓學生操作。例如新課綱實施後，國高中多了一個科技領域，不論是電腦程式設計，或是一些生活科技，都要動手操作。其他學科的一些作品，例如上述的專題報告，也需要操作，需要報告，需要口語表達，而不是依賴記憶背誦解題。

除了操作之外，現在的課程中的一些作業，也需要學生一起合作完成。合作也是一種學習，合作的重點是需要溝通、協調、分工，這些過程，學生會有自己的心得省思。學校必須把這種課程架構出來，發展出學校的特色課程。

學生創意：張騫代言慢跑鞋

像上述這樣的作業，學生都會帶回家，很多家長看到孩子在學校學習的這些，即使是寒暑假作業，也都變得比較素養導向，他們就會比較鼓勵孩子自己去企劃、去探索新的事物。例如，之前我們有一個社會科老師，出了一個暑假作業，要學生自己設計一個歷史人物，去代言現代的產品。要完成這項作業，學生就必須將現代生活和歷史人物結合起來，是個很有創意的作業。有個學生的作業，是用張騫代言慢跑鞋。張騫出使西域，走了非常多的路，這個連結超棒，也很有脈絡，這是跨領域學習，也激發出孩子的創造力，即使天馬行空，也有些學術在裡面。

中崙的校園文化氛圍：鼓勵創新，容許犯錯

我們學校的學生在學校學習，基本上都是快樂的，因為我們「鼓勵創新，容許犯錯」。

創新的過程必須容許犯錯。我是校長，我和我們學校的行政人員、老師都會犯錯。教育當局推行的新方案，也不一定都會成功。我們推動教育改革，雖然我們都是「白老鼠」，但我們也都在創新，當然也都可能犯錯，這是正常的，甚至是必要的，這樣我們才會進步。我們犯錯，一定會吸收一些經驗，讓事情發展愈來愈美好。創新過程一定要容許犯錯，我們要勇敢面對犯錯，讓學生更大膽更放心的去嘗試他想做的事。

新課綱鼓勵課程設計創新，如果老師不帶頭做，學生怎麼看得到典範。老師教學，

不只有教科書的內容，還有老師的身教和老師的態度，所以我們學校也鼓勵老師創新。當你看到某一項新的事物，例如時事，對教學是有效益的，你就要想怎樣融入課程之中；當你看到某個新的科技有助於教學，你也要思考怎樣轉換到課程裡面。

這整個氛圍，就是「校園文化氛圍」，校園文化氛圍需要全體行政人員和老師帶頭去做。

學生生涯輔導數位化，家長上網也看得到

學生國中畢業後就要進入高中職，進入高中職之前學校要幫學生做適性發展輔導，教育部在剛推行十二年國教的時候，出了一本《生涯輔導紀錄手冊》，將學生國中三年做了哪些重要的事記錄下來，臺北市比較特別的作法是把這個手冊數位化，我幫它取名為《生涯儀表版》。我在國中服務的時候，幫全臺北市做的作業系統，像這樣的生涯履歷數位化，就相當於現在高中的學生學習歷程檔案，當時全國只有臺北市在做。數位化的好處是家長也可以上網看到學生的學習狀況。

現在高一一聲令下，全國都在做學生學習歷程檔案，其實回過頭來，現在國中也可以做，而且愈早做愈好。其實國中教育也要為長期的生涯發展做準備，國中教育不能只是為了準備短期的升學考試，國中教育必須把很多職涯概念放在課程當中，而且要大量的和外界資源結合，包括家長的資源、社區各行各業的資源和高中職的資源，讓學生在學習階段，有比較多的認識和探索的機會，才能夠擴展學生的視野，讓他知道，原來我有這麼多的選擇，原來哪一項才比較適合我，原來世界上有很多事情是教科書裡面無法完整看到的。

中崙完全中學的高中部學生，有分發進來的，也有保留直升的。保留直升的學生約占二十%。這樣的學生組合，可以更多元，在多元當中，我們可以看到不同的可能性。

我們學校的國中部，國中三年，每學期都會做性向測驗和興趣測驗，從這些資料，可以看到哪些孩子較有學術傾向？哪些孩子適合發展什麼？

水桶理論，要把學習弱勢的學生拉上來

外縣市的國中編班情形我不清楚，但臺北市百分之百是常態編班。在常態編班之下，有些科目，如數學、英文，同一班上學生的落差比較大，因此需要實施分組教學，我們學校每兩班拆成三個組，我們分組的目的，不是把好的拉出來拚升學，而是把弱的拉出來做輔導，做一些個別指導，等他慢慢適應之後，還可以回流到原班上課，但我們實際操作之後發現，他們不太願意回去，因為他們在這邊被教得很好，這邊只有幾個學生，老師可以個別輔導，有很多討論，很開心。

新課綱實施後，其實中小學的師資員額是不足的。在常態編班裡面，學生的落差很大，有的可以考上建中、北一女，有的根本不會念書。如果用「水桶理論」來說，水桶能裝多少水，是看最低的部分；一個國家的競爭力不是看最上面的，如果底部可以拉高，整個國家的水平就可以提高。臺灣在少子化的趨勢下，學生人數少了，如果班級數不減少，班級的學生人數就會降低，就可以讓老師教學更加個別化和適性化，讓我們的教育品質更好。但目前政府看起來就是捨不得這個錢。實在說，現在學生人數少了，用

原來的教育經費改善教育品質，人才培育好之後所創造出來的整個經濟價值，可能還比減少教育經費高得太多太多了。

全世界那麼多有競爭力的國家，大家很喜歡談芬蘭的教育，像芬蘭這樣的社會福利國家，雖然高稅金，但國家對於教育的投資是足夠的，在國民教育階段，不但免學費，還提供很多資源。在臺灣，一些社經背景較弱勢的家庭的學生，當他們想要學什麼的時候，可能付不出學習的費用，但是在芬蘭那樣的國家，當你想學什麼的時候，政府就提供機會，不管有錢、沒錢，都不用擔心學習費用的問題。

雖然我們不是福利國家，但有機會做到中間值，對孩子有更多更好的照顧。

新課綱的挑戰

1. 一一一年大考怎麼考，將是重要觀察指標

新課綱在高中部分，這次做了一個非常大的調整，就是高中必修時數大幅下降，民國一一一年的大考怎麼考，將是一個重要的觀察指標。

必修課程的素材相對於過去變少了，如果考試變得比較簡單，教學現場的壓力就不會那麼大，我們就不用教那麼多。以前就是考太難，現場老師說：「不行啊！為了讓我們學生得到好成績，所以我要補充這個內容，補充那個練習……」「可是現在說好的素材就是那麼多，你也不用教那麼多，那會不會一一一年看到的考試就是那樣呢？」我覺得政府應該有政策性的宣示，學科筆試就定位在什麼階段就好，不要走火入魔。

因為以往政府對於大考中心命題並沒有強力介入，教授想考什麼就考什麼，今年簡單，明年又難，沒有一定的難度。如果它的定位清楚，就會往下影響。所以一一一年大考是重要指標，是見真章的時候。口號喊了半天，到底是玩真的，還是玩假的，高中都在看！

2. 開設線上課程，可彌補偏鄉小校課程多元性不足的問題

第二個挑戰是偏鄉小校的師資問題。

新課綱的開課理念要多元，可是偏鄉小校老師的編制少，怎麼多元？舉例來說，離島的某所國中，一個年級一班，全校才三個班，歷史、地理、公民的所有節數湊起來，

也聘不起一名專科老師，學校勉強聘了一名社會科老師、一名地理老師，他們還要兼上其他課程。全校沒有歷史老師。必修課程的老師都欠缺，就不要說彈性多元課程了。

這個問題該怎麼解決？我認為開設線上課程可以彌補偏鄉小校課程多元性不足的問題。本校的數位中心就聘請我們學校的歷史老師，幫這所國中開設了一學年的線上歷史課程。

大家以前覺得線上教學麻煩、效果不好，但現在全世界因為疫情的關係，很多都在線上教學了，我們還能再質疑這個、質疑那個嗎？

高中新課綱因大幅下降必修課程，增加多元選修課程，而且多元選修課程關係到學生學習歷程檔案的建置和未來的升學，學校有責任提供學生充足的多元選修課程，滿足他們的學習需求。但是很多偏遠學校的高中，班級數還是偏低，學校難以提供足量的多元選修課程，這個問題怎麼辦？最好的解決辦法還是線上開課。

舉例來說，我們學校數位中心成立了一個線上教學聯盟，一〇九學年共有三十九校加入，其中有一所屏東的高中和一所花蓮的高中，一個年級都只有四個班，依規定，學校開設的多元選修課程，最少五門課（班級數乘以一・二），最多六門課（班級數乘以一・五），加入聯盟後，學生可以選修的課將大幅增加。

學生在線上修課的效果如何？校長說，就一〇八學年度開設的十三門課來說，有世新英語系老師開設的英語課，還有美術課、閱讀思辨課等。有同步也有非同步課程，臺灣學生在線上，也還是要有老師和他們對話，才能激勵他們學習的動機。

偏鄉的學生想學畫畫，他去哪裡找美術老師？線上也可以教美術，不是只有看螢幕，還會有實作和學習單。這些課程都有學分，不是開視訊而已，時間到了，學生就要上線上課，不但解決偏鄉師資不足的問題，也可以提升教學品質。

就我們學校高中部來說，一個年級十班，依規定學校最多開設十五門課，我們學校老師開設了十三門課，另外二門請社區的老師來開，其中一門是「城市養蜂」，選修人數最多，上課還可以吃蜂蜜；另一門課是木工課，除了木工技術之外，還有助於空間觀念的認知。除了學校開設的十五門課之外，再加上十三門線上課程，加總二十七門多元選修課，所以沒有一個家長抱怨學校開設的選修課不夠。

五、新北市樟樹國際實創高中

新北市樟樹國際實創高中是一所完全中學，國中部成立於民國八十七年八月，當時的校名是「臺北縣立樟樹國民中學」，九十九年底臺北縣改制為新北市之後更名為「新北市立樟樹國民中學」。一〇六年技術高中部成立，學校再更名為「新北市立樟樹國際實創高級中學」。現在有國中和技術高中兩個學習階段。技術高中部分，有資訊、流行服飾和多媒體動畫三個科。

這是一所脫胎換骨的學校，走的是實驗教育的路線，教學特色就是校名裡面的「國際」和「實創」。

校長陳浩然說，如果我們的教育還停留在只重視升學考試的層次，「贏了身邊所有人，卻輸了時代，又有什麼用？」未來的時代是什麼？AI時代來了，人工智慧的時代來了，我們還能再死記死背的學習嗎？未來時代，我們的孩子要有國際力，要有思考力，要有創意能力。

國際力的第一項重點就是英語能力，所以樟樹國際實創高中國中部成立了國際教育菁英班，也就是雙語實驗班。因為是國際實創高中，所以技術高中部成立的三個科：資訊科、流行服飾科和多媒體動畫科，都走在時代的尖端。

陳校長說，他要把樟樹國際實創高中發展成一所國際性且有創意的學校。以下是陳校長受訪的內容：（以陳校長第一人稱方式呈現。訪問時間：一〇九年六月二十四日）：

一〇八課綱的教學精神，提早兩年上路

樟樹國際實創高中是一所新學校，一〇四年開始籌備時，就已經將十二年國教課綱跨領域教學、適性教學、創意和實作等精神，融入課程規劃了。不是我自誇，本校技術高中部一〇六年八月開始招生，一〇八課綱從一〇八學年開始實施，本校足足提早了兩年就開始往新課綱的方向走了，例如：

第一、跨領域教學。本校技術高中部有資訊、流行服飾和多媒體動畫三個科，這三個科的課程有很大的關連性，很多教學目標要靠跨領域學習去完成。因此當

很多學校還在研究怎麼辦的時候，我們就已經開始實施了。從高二開始，資訊科的學生，一定要選修流行服飾和多媒體動畫科的課程；流行服飾科的學生，一定要選修資訊科和多媒體動畫科的課程；多媒體動畫科的學生，也一定要選修資訊科和流行服飾科的課程。

第二、當其他學校還在談適性分組教學的時候，本校的國、英、資訊課程就已經開始實施分組教學了。

第三、大家現在還在想怎樣把我們的孩子推向國際，我們從設校那年就從高一開始全面推行「專業英文」，而且納入正式課程。本校所有高中部的老師都要通過專業英文認證。

第四、下個世代的教育，還有一件非常重要的，就是創新和創意教學。這是全世界的趨勢，沒有一個國家不談，但是有幾個落實到課程裡面？我們學校的學生必須學習三年創意課程。整整三年，那麼多的課程從哪裡來？全部都是我們老師自己研發出來的。

雖然我們是新學校，但我們的孩子透過這樣的訓練，很多設計競賽都把第一名抱了回來。

最近我問很多學生，高中三年印象最深刻的是什麼課程，他們說是創意潛能課程。這是一〇八課綱所談的教學理念，我們從一〇六學年設校開始就已提前實施了。現在我再進一步說明本校的辦學特色：

推動生活美學，洗手間設計布置得媲美星級飯店

例如，學生在美學方面的創意潛能陶冶，這是本校非常重視的。本校流行服飾、多媒體動畫和資訊等三科的學生，都需要美學素養，而美感就在環境生活裡面，如果生活環境裡面沒有美感，上課講再多美學理論都沒有用。因此我們就把校園環境設計布置得處處充滿美感。學校的任何地方，包括公布欄、洗手間、茶水間和校園的每個角落，都洋溢著美感。

我們有攝影課程，學生好的攝影作品，就布置在校園適當的地方。整齊清潔也是美感的要素，我們大樓教室每一層都有學生茶水間，裡面的桌面、牆面、地面、微波爐、

蒸飯箱都乾淨、整齊、美觀。

洗手間，也就是廁所，除了乾淨之外，也設計布置得媲美星級飯店。為了讓師生上洗手間也感到心情愉悅，有一間廁所裡面還掛了一張很大的畫。為了這張畫，我還跟設計師起過爭執。「為什麼要掛畫？」設計師問。我跟他說，心情愉悅，就是美感。美感就來自生活環境的潛移默化。

創造AI人工智慧的教學環境，人臉辨識無人商店年底揭牌

能夠提出人工智慧運算教學的學校不多，我們不但有這方面的課程，而且為了創造AI人工智慧的教學環境，我們規劃的「無人商店」年底就要揭牌啟用了。啟用後，附近國小五、六年級的學生也可以來這裡體驗。

這間無人商店，不是「榮譽商店」。榮譽商店是拿了東西，自己將錢放在商店裡面。無人商店則是用AI替代人力，用AI來管理商店。學生進入無人商店前，要先建立自己的人臉辨識到資料庫，沒完成人臉辨識是無法進入商店的；進入商店後，還要設

定一張儲值卡，裡面有五十元。這個過程，我們要學生自己去操作，進得去，就可以買東西，裡面還有冰淇淋；進不去，就在外面看人家買東西吃。無人商店裡每樣物品的辨識機可以扣款，超過元額就買不了，如果硬拿，就會攝影、拍照存證。

我們就是要讓學生知道這整個過程，怎樣建置無人商店，以及體驗那種無人商店的生活形態。

雙語職採和雙語實驗課程

我們有AI人工智慧的課程，我們有專業英語課程，我們的國中部也有一個國際教育菁英班，也就是雙語實驗班。

臺灣的英語教育，主要都在教閱讀和文法，學了十年還很難和人用英語溝通。我們忘卻了外語最大的功能是溝通，因此我們的雙語實驗是聽和說的雙語實驗，我們要走出一條臺灣新的英語教學的路。菁英班要營造雙語的環境，體育、音樂、家政、資訊……等共有七個科目都採雙語教學。有人質疑，我們怎麼會有那麼多的雙語師資？這就是完全中學的好處，我們有高中部的老師可以支援。因為我們的高中部才成立三年，師資都是新聘的，沒有英語溝通能力的老師我們不會聘用。

我們的雙語教學是「玩真的」！國際教育菁英班要通過考試才能進來，我鼓勵家長把孩子送過來的口號是：「你給我一年（意思是家長把孩子送進英語菁英班一年），我給你孩子一生的能力！」

重視跨領域融合教學

本校很重視跨領域教學，以國文課為例，國文老師會和各科專長結合，例如，多媒體動畫科和流行服飾科有攝影課，國文老師教到某篇可以用圖像呈現的課文時，就會要求學生理解課文後，請學生用攝影的方式把他理解的課文景象拍攝出來，多媒體動畫科的學生，也可以用畫畫的方式呈現課文內容景象。

很多學生作文不好的原因，我認為，就是經驗太少，沒有經驗就憑空想像，難以打動讀者，因此我們學校開發出「體驗式的作文」。比如說，要寫與海的體驗有關的作文，老師就帶學生去北海岸衝浪；要寫與山的體驗有關的作文，老師就帶學生去爬大尖山或五指山；或者去汐科站觀察旅客，回來再寫成作文。我們的教育幾乎都是待在教室裡面學習，我覺得應該改變，我們學校不要孩子坐著空想寫作。

國文課也要和國際議題結合，提升孩子的視野。

資訊課程結合無人商店

新課綱國高中階段新增科技領域。ＡＩ人工智慧課程很重要，但也艱深。我們學校有資訊科，將ＡＩ人工智慧課程結合無人商店，並拆解成國小、國中、高中三個階段都可以學習的程度，國小五、六年級學生可以體驗如何進入無人商店、如何購物等無人商店的生活形態，國中階段要學習寫程式，高中階段就要學習如何管理。

我們學校的無人商店已籌劃一年多了，年底啟用後，可以提供學生好的學習環境，好的視野。這是我一貫堅持的，要真真實實的做好教育工作，要成就一所有前瞻性的不一樣的學校。

創意是人人都可以開發的

創意是人人都可以開發的，不是只有天才而已。

現在的教育要讓孩子思考，要學習如何面對挑戰和解決問題，不是只有升學考試。現在的孩子從國小或國中一開始就要試探自己的性向，到了國三考完試才要孩子選擇，怎麼選？太痛苦、太殘忍了。行行出狀元，我們要增加孩子選擇的能力，讓孩子的天賦能夠自由發展，這就是適性教育，我們學校真的很認真在做適性教育，幫助孩子走向適合的生涯發展，才不會讓學生在升學考試考不好的時候，就覺得自己是人生的失敗者，孩子絕對不能有這樣的想法。

樟樹的孩子在學校要學三件事：第一、不談升學；第二、擁有視野；第三、要有上進心。

我們不談升學，談適性發展；我們有視野，有思考能力，看得到未來；我們有上進心，自然會努力去追尋自己設定的目標，不怕苦，也不怕去參加比賽。

我們在過程中努力，通常結果也不會令人失望。比如，我們不談升學，但學生在學校的學習過程是努力的，結果我們的升學還是嚇嚇叫的。

樟樹的孩子都開心快樂的學習

老師好不好，從孩子的身上、臉上就能看到。

我們學校不怕外人來參觀、訪問，因為我們的孩子到學校來都是開開心心快快樂樂的學習。

年輕人都是草莓族，沒辦法吃苦耐勞？江山代有才人出，我們要珍惜進來的學生，不是嫌棄他們。我們要陪伴他們一起成長，在孩子身上看到優秀、看到活潑、看到屬於未來的東西。

我非常反對傳統式的教學。

我們推動優雅教育，要把孩子都教得優雅有氣質。

六、臺北市幸安國小

「荷蘭商報曾經專題製作一個令人熱血沸騰的主題：『十二歲以前一定要做的五十件事情』，如在沙灘上蓋堡壘、躺在草地上看月亮、照顧動物、受點小傷、夜遊、迷路……等等，引發熱烈討論。思索其內容，照顧動物或能體驗生命旅程；夜遊、迷路、受點小傷，如同人生的過程有高低起伏波瀾壯闊，為孩子播下敢與眾不同並勇於接受挑戰的種子；躺在草地上看月亮，陪伴親人大聲朗讀吟唱，浪漫優雅蘊含深刻的倫理與人文精神。這是真善美的教育，有靈魂的學習。誠哉斯言，我深信孩子有無限的可能，讓天賦潛能自由開展是教育者的天職。堅持『愛與榜樣』的教育哲學，實踐『有教無類、因材施教』的核心價值，培育『尊師重道健康自信多元樂學幸安人』是幸安辦學的願景。」

這是臺北市幸安國小校長陳順和的教育理念，刊載在幸安國小的網站上。我深愛他寫的這篇教育理念，從裡面我看到了教育者的見識和熱情，也看到了他要把幸安孩子帶往的方向。

過去，我們常批評臺灣的教育，是用過去的經驗，教現在的孩子，去適應未來的生活。陳校長帶領幸安國小走的方向則是「為未來而學的教育」。學生，要培養孩子帶得走的能力；老師，要讓學生對學習充滿熱誠；家長，要陪伴孩子豐富幸福童年。

陳校長曾做過臺北市健康、東門國小校長，也擔任過臺北市教育局督學和主任秘書，教育行政經驗豐富，因此這篇採訪，我特別請他從巨觀的角度來談十二年國教「成就每一個孩子」，在國小階段應走的方向和面臨的挑戰。以下是訪談的內容：（以陳校長第一人稱方式呈現。訪問時間：一〇九年六月十九日）

老師和校長，要轉換成學習專家和資源提供者的角色，陪孩子走一段路

我從巨觀來分析，十二年國教所說的「成就每一個孩子」，它的理念是：自發、互動、共好。我覺得從家庭教育、社會教育，一直到地球村這種不同角色的概念，都涵蓋在一個人的發展歷程裡面。

從學校教育這個支點去看，我們到底能幫孩子做什麼？然後可以變成他發展歷程中

非常關鍵的一個支點，這是一個非常巨大的挑戰。

我們的萬世師表孔子，一生周遊列國，育才無數，號稱弟子三千人，有成就者有七十二弟子。我們現在要成就每一個孩子，百分之百，我想，孔子可能都會覺得艱難。

理論上，成就每個孩子不僅是一個家庭、一個社區、一個群體的共同責任，也涉及到價值觀。適性探索，不能將所有眼光都放在升學篩選這個漏網上，而應將眼光更放遠去看未來的生活、生命，這對學校的經營，學校的師資和課程都產生巨大挑戰。以臺北市蛋黃區的學校來說，學生和家長的確都愈來愈有個性；以他們所想的理想中的教育，老師和校長的角色，就要轉換成學習專家、資源的提供者，然後陪伴孩子走一段路。

我最近要和畢業生座談，就去看六年級學生的專題研究報告，有一個小朋友的主題是探討大家對香港反占中的看法，他竟能到國際網站平臺，把題目轉成英文，讓世界各國人士發表看法。他的報告裡面有來自中國大陸、香港、東南亞、英國和歐洲等各地人士給他的回饋，然後做成專題。在我們那個年代，這是難以想像的，一個小六學生，他已掌握了很多工具，包括數位工具、語文工具和邏輯思維。

在那天的討論，我也很訝異地發現，有許多孩子，竟然能對他們報告的架構，裡面的問題，提出很有意義的回應。這沒有大量地閱讀和家長開放性地支持，是很難看到的。現在庶民家庭的能量，遠超越我們的想像。

所以現在學校經營十二年國教，是比較上位的概念，中間要有很多的階段、轉換和配合。十二年國教的大方向，我想是正確的，但是要實踐。我想結果一定是斑斕燦爛的，但落差也一定非常大。

家長重視孩子學業的觀念，出現些許鬆動

以前很多家長說「不要輸在起跑點」，都是從學業的角度來說，現在這樣的想法有些許鬆動的表徵。比如說，已經有許多家長願意孩子在國小四、五年級以前，做很多的多元嘗試和探索，但到了五、六年級再慢慢縮起來。

舉例來說，臺北市有一所國小的舞蹈班，國家投入了很多專業師資，營造很好的學習環境，但是小學畢業進入下一個學習階段的時候，並沒有想像中有那麼多的孩子（甚至不到一半的孩子）持續投入舞蹈班。即使如此，但這並不影響家長對於舞蹈班的認定

和價值。家長認為舞蹈班給孩子的紀律、美感、體態、綜合藝術涵養，例如即興古典芭蕾創作，都有很正向的價值。他們覺得愈來愈能掌握教育的核心價值，對於孩子的教育，「有自己的拼盤，不會一道菜吃到底。」他們會撿很多不同的菜，讓孩子發展得比較不一樣。

學生學習要和生活經驗連結

閱讀是博雅教育的基礎，也是終身學習的基礎。但是現在到圖書館去看孩子借閱的書籍，大部分學生，特別到了高年級，他們閱讀的書都還偏向視覺化，喜歡看漫畫和文字量少的書。為什麼？我覺得他們的閱讀動機薄弱，他們閱讀，只想放鬆，只想殺時間，不會想從閱讀增廣見聞，不會想在閱讀之後再去寫作表達。為什麼會這樣？因為家長已經幫他們安排了很多學習。

再從學習經驗來看，在都會區生活的小孩，虛擬化嚴重，很多學習都是來自間接生活經驗，更嚴重的是，他們也欠缺生活的能力。例如，有些學生吃蝦子，蝦殼都不會剝。反觀位於海邊的宜蘭縣岳明國小，他們把自己的生活經驗和學校學習結合成「食魚教育」，一隻魚或一隻蝦，活生生的讓學生觀察並體驗完整的食用過程。

如果學習的主題是鬼頭刀，就用一隻完整的鬼頭刀讓學生從觀察開始，一直到殺魚烹煮的一整個過程，讓學生親身體驗。我發現岳明的孩子所畫出來的魚的圖像，或寫出來關於魚的文字，就跟一般學生表達的差很多，他們可以很細緻地描繪出魚的皮膚和魚的內臟。食魚的經驗和能力當然也比其他孩子強很多。直接經驗的教學，學生仔細地觀察體驗，才會感動，才會感受到生命力。我常帶學生和他校學生進行交流，臺北學生和其他縣市學生的最大差異，就是生命力的感受。

因此十二年國教課綱的課程開設，不要只有傳統的知識記憶，還要把情境學習內容，和學生的學習表現放進去，這就是新課綱的素養導向教學，要有知識、技能和情意。這是好的轉變。

岳明國小是實驗小學，小校小班，這是他們學校推展生活體驗課程很大的優勢。像幸安國小和國語實小這樣的大型學校，要貫徹去照顧到每一個學生，去成就每一個學生所需要的資源，如果用比較高的標準來講其實是不太足的，專業老師的訓練和培養也不夠。再就執行的空間來講，大型學校不管學校內外都有很多活動，家長也有很多意見，對課程的干擾也是很大的，小孩子還沒有學會，很多的東西又要進來。從學習內容來講，課程內容太龐雜，即使推生活體驗課程，也很難有岳明國小那樣的成效。

有興趣，學生就會享受學習

透過生活情境來引導孩子學習很重要，興趣則更能誘發孩子的學習動機。比如說，最近我們臺北市又恢復各項比賽，就拿足球來講，太陽很大，但熱愛足球的孩子，在操場上好像太陽根本不存在，踢得高興得要命，哪有什麼高溫的問題。如果是不想踢球運動的，就會找藉口溜走。

「咦，現在不是體育課嗎？你怎麼在樹下！」不在操場上踢球的孩子會找一推藉口，其實，最根本的原因是他不想踢球。

師資結構有隱憂，數理、自然科人才不足

我們的課程發展中，我看到我們師資結構的一個隱憂。因為小學是包班制，大部分的老師都是語文取勝進來的，理科的、自然科的人才愈來愈少，要做跨領域教學，將來會面臨人才不足的困境。

即使是自然科進來的，將來製造教育、程式教育或專題探究，涉及到整合綜合應用的，他們都要跨域去做主題探索，而我們的師資培訓、在職教育所提供的機會和培訓，都是零碎、欠缺目標的，以目前的師資結構和師資培訓，將來要實現這個課程是有難度的。新課綱目前只有在低年級實施，但很快就要實施到中年級，然後是高年級，我覺得這要提早去因應，否則到了高年級要實施這些課程的時候，一定會很麻煩。

老師資訊能力落差大

學校課程的經營能力和學校行政管理的弱化問題，對課程的實施也是一個非常大的

隱憂。就課程經營來說，現在國小的課程內容太多，一定要抓出新課綱的重點進行整合，老師之間分工合作，不然老師一下做太多，沒有一樣做得好，學生一下學太多，也沒有一樣學得好。至於行政管理弱化的問題，舉例來說，在形式上，校長要對校務負全責，但實際上，校長對專業能力不足的老師，手上到底有什麼工具可以去幫助他們成長？

學校老師的資訊能力落差很大，強的老師，全班就像一個學習社群，真的做到學習無止盡；但是跟不上的老師，影片放放就算了。學校老師資訊能力落差的現象必須弭平，但是校長的行政處處受限，有什麼工具去提升老師的能力？教育當局是否也要提出策略？如果大家都要做好人，問題就拖在那兒了。

七、臺北市國語實驗國民小學

國語實小校長林玫伶，是國語文教學專家，我在《國語日報》擔任總編輯的時候認識她，她當時是臺北市士林國小的校長。她對教育有高度的理念與熱忱，更有貫徹始終的投入。而國語實小是全國知名的小學，舉止動作，都是指標。十二年國教課綱已實施一年，在這所舉國知名的小學，發生了怎樣的改變？以下是林校長的受訪內容：（以林校長第一人稱方式呈現。訪問時間：一〇九年六月十九日）

成就是動詞

成就，是個大哉問！這讓我重新思考，「成就每一個孩子」的「成就」到底是什麼？我自己想，在國小階段，或是每個階段，都可以這樣說，成就應該是動詞，不是名詞。在學習的過程中，不斷地把孩子的才性找出來。

成就如果當成名詞，就麻煩了。好像是有一個既定的目標，但是對小學生來說，那個目標大部分還是親師或社會環境文化給他的，未必是他有能力達成的，或是他自己想要做的。

成就當成動詞，有個好處，就是在學習過程中，讓孩子有勇氣去找他自己是誰？有什麼能力？可以發展到什麼地方？讓孩子能夠探索自己內在的東西。這麼多年來，我所做的事，似乎就可以跟「成就每個孩子」中的「成就」扣得上。

要成就孩子，要先讓孩子「想學」

要「成就」（動詞）孩子，就要讓孩子有學習的動機，也就是讓孩子「想學」某件事。要孩子想學，我們就要讓孩子有自信，敢去找自己的位置，敢去探索。這個過程涉及很多問題，他想不想？他敢不敢？為誰學？為老師？為家長？還是為自己？這部分是自發、互動、共好裡面的第一個條件，有意願、想學習的話，後面的問題就可以迎刃而解，因為老師也有很多方法策略可以幫助孩子。要如何讓孩子想學，目前在總綱裡面看得到的就是生活情境化。所以我覺得十二年國教課綱是比較切合實際的。

家長重視「考上好學校」的板塊，出現些微鬆動

把「成就」當成名詞，正是我們當前教育所面臨的困難。多數的父母和老師，對於

那個成就，就是一個既定的名詞：「成績好，考上好學校。」

家長真的很敢讓孩子去圓夢嗎？例如孩子想要做麵包師傅，想要去壯遊，或想要怎樣，當他們有一點點這樣的苗，多數家長都不太可能讓他們這麼率性地去探索自己，不管路會成功或是失敗，都會想說，「你先用我們幫你看好的那麼多經驗裡面的康莊大道。你先這樣走，不要去找一條沒有人走過或是很少人走的路。」

許多老師也會擔心孩子以後的表現「不夠好」，那個所謂的「不夠好」，自然也是他們心中既定的成就。

除了親師，也可能是同儕或社會文化，把既定的「成就」名詞概念加在他們身上。成就被當成既定的名詞概念，是我們在教育過程中遇到比較大的困難。

我觀察到，還是有很大比例的親師認為考上好學校，先找到好工作才是功成名就、光耀門楣的事情，也讓孩子將來不會吃那麼多苦。

這是一般家長的心態，但這個板塊確實已逐漸鬆動。我真的有看到，有的家長（當然在比例上距離理想還有落差），認為自己孩子的長處既然不是在學業這方面，也會為孩子找到其他方面的學習，發揮他們的特殊能力。例如，我們學校有射箭隊，有些家長樂意栽培孩子這方面的強項，而且不會否定孩子。

但也有家長明明想做這件事，但還是認為在這個階段，讀書才是最重要的，其他都不要管。這樣的家長，比例還是偏多，所以我只能說，板塊有鬆動的現象。

我有一個隱憂：孩子的視野狹隘

我還有另一個觀察，即使家長們都願意讓小孩不要被功課綁住，但還是有一個隱憂，就是我們的孩子視野狹隘。例如這次大考的作文題目是「我想開一家這樣的店」，非常多學生就是開一家咖啡店，或是一間非實體的店。我們臺灣很多的學子，確實是耽溺於小確幸當中。

現在的教育，應該讓孩子的觸角放開，不只是自己熟悉的場域，還要連結到偏鄉環境、動物、海洋、國際，那才叫視野的打開，可惜這方面還是欠缺。那個觸角好像被鎖在萬花筒裡，外面世界那麼大，還是看不到。

如何打開學生視野？課程規劃辛苦不輕鬆

國語實驗小學，有實驗之名，無實驗之實。

國語實小是早期為了推廣國語文，政府命名為實驗小學，和國語推行委員會、國語日報都有些淵源。

實驗三法通過後，實驗學校有學生人數的限制，全校不能超過六百人，我們全校學生人數約有一千七、一千八百人，現在對折都不能申請。其他附設的實驗小學是依據師資培育法設立的，我們不是附設小學，也沒有法源。所以我們現在就變得尷尬了，全國大概只有我們是這樣吧！

但是我們的師資確實不錯，然而優點通常也是缺點，老師都這麼優秀，既定的想法想要鬆動就要花更大心力了。

「以前做的績效都很好啊，為什麼要改？我們培育出來的學生，他們的表現在社會都很好啊！為什麼要改？」老師會這樣說，但學生那麼好，純粹都是老師的功勞嗎？這也要想一想。因為我們這邊越區就讀的約有七、八成，能越區就讀的學生，不是家裡經濟有餘裕，就是時間有餘裕，才有辦法六年都這樣接送。我們學生最遠的可以到新北市的土城、樹林，在學校附近，我們的學生沒有那麼多，一進入新北，反而很容易遇到學生跟我們打招呼。家長可以這樣長期接送，通常都有某個程度的社經地位，家裡都把孩子的程度培養得不錯，所以這個功勞我們不敢全攬。當然老師也是相當認真，這兩項加在一起，學生的表現自然不錯。

既然我們學校的家長不錯，老師也很好，那我對我們學校的期待是什麼？其實就是我前面講的視野的問題。我們學生將來都有機會成為社會中上層的一份子，我很期待他們的眼界能夠打開。

要怎樣打開我們學生的視野？舉例來說，我們的國語有一課在講「臺灣映象」，內容講的都是旅遊，像是九份風情這一類的，像國際移工這樣的題材很難看到；可是我們學生家裡面，有外籍幫傭的多的是，國際移工已經是臺灣社會隨處可見的景象，所以老師想說，把國語課程中的某一課，用國際移工替換。

這堂課的進行方式是先分組，讓學生上網蒐集被分配到的東南亞國家的資料，例如，被分配到的是泰國，就去蒐集泰國的資料，學校還邀請東南亞人士來校，並經他們的同意，接受我們學生的採訪，撰寫新聞稿。

學生進行的過程雖然很辛苦，但過程中有了一些學習的動機，做起來也很有樂趣，同學間還要合作，最後的產出由學生編輯成冊，打字排版都由學生自己做，一班一本，學校送印後，送給學生每人一本，學校保留一套，學生都很喜歡他們的作品被「鉛字化」（印刷）地呈現出來。

老師規劃這個課程，相當辛苦不輕鬆，剛開始做的時候，沒有辦法要求每個班級都這樣做，我們先邀請高年級一半的老師來做，給他們資源、可以減課，老師們每個禮拜要討論課程如何進行？行政要給什麼資源？我們這樣投入的時間和精力相當大，包括邀請外人來校，也要給費用。這些需求學校行政都願意支持，才有辦法做比較精緻的課程設計。另外一半的老師，他們看著旁邊的班級這樣做之後，希望他們也會嚮往參與這項課程，慢慢帶動。我們希望到了一一三學年度全校都實施新課綱的時候，這些已發展好的課程，可以全部普及、全面實施。

課程實施結束後我們進行檢討，發現進行的過程中也有一些需要改進的失誤，例如，我們邀請來校的東南亞人士，設定上就有些誤差，因為能夠來學校的，都很厲害。

這些失誤，之後都要調整過來。

怎樣進行素養教學？極盡所能完成不可能的任務

一〇八課綱從去年開始實施，但臺北市有七成以上國小都是從小一開始實施，六個年級同時實施的都是規模小的學校。我們學校也是從一年級開始實施，因此新課綱在我們這裡還是剛啟蒙，只能看到一個萌芽的狀況。

例如，我們幫小一學生設計了「嬉遊植物園」的課程，而且幫學生編了一本課程手冊，印給小朋友每人一本。一年級開剛始操作的時候，第一個問題就出現了。「小朋友，把你們的名字寫在手冊上面！」哇，寫不太上去（因為封面上光，雖然美觀耐髒，但鉛筆不易寫上去），那就把名字剪貼上去吧！小朋友的操作能力沒那麼好，結果光是一個剪貼名字，就耗掉了半節課。

所以我在想，一年級到底要素養什麼？想了很久，後來跟老師討論的時候，發現老師有一些事是不能不先處理的。譬如說，老師帶班上三十個孩子到學校對面的植物園實施「嬉遊植物園」教學，出發前要整隊，要規範孩子不能妨礙別人，要遵守交通安全，很多事是沒有辦法用探索來處理的。總之，就是要學生聽得懂老師的指令，跟著老師走。這樣年紀的孩子有辦法探索教學嗎？這趟戶外教學學生可以學到什麼？我想了又想，就請老師在課程裡面加上一點點東西，例如，我們現在出去，可以先問小朋友：「如果不排隊會怎麼樣？」「我們要如何安全地從這邊到那邊？」多補個五分鐘討論，他們才會知道，這些規範、這些行為是有意義的。

「嬉遊植物園」一學期十節課，剛開始實施的時候，最重要的是隊伍要像個隊伍，老師帶那麼多學生出去，不要有學生不見了。在剛開始的過程，有很多東西還出不來，小朋友必須要有很多反覆的操作，能力逐漸壯大之後，這些東西才會出來。所以要從「嬉遊植物園」課程看到十二年國教的素養，必須看這十節課上完之後的改變，單一節課看不準。這門課的前面，我姑且稱之為「素養前期」，要有一段「聽得懂人話」的時間，畢竟安全還是最重要的，要讓這些小朋友遵守交通規則，就要花很多時間。

國小的課程，有很大一塊是部定課程，占了至少七、八成，彈性學習課程只有一小塊。彈性學習課程可以讓學校好好去建構、發揮學校的教學特色。

學校的課程，按理說，是學校老師要去研發的，但務實來說，很大一塊的部定課程都有教科書，教科書商已經把老師的能力分攤掉了，因為幫老師做了很多，老師只要照著那樣教，四平八穩，也算功德無量了。這種既定的想法很難鬆動。

既然這塊很難鬆動，於是我有了另一個期待：我們身處的環境，有什麼資源是可以替換教材的？

比如說數學課程裡面的「比例」，如果課本是用「調雞尾酒」的例子教學生比例的概念，海邊的學校或許就可以將「調雞尾酒」的例子改成用「魚和消費者的關係」做例子去教學生比例！用心的老師可以做這樣的替換，學生的知識學到了，又可以和生活結合運用，完全符合新課綱的精神。但是在我們這個大班大校，原有架構緊密的狀況下，我們所能做的，比如說六年級的數學裡面，我們只要有三個課程可以做到這樣，我就覺得可以了。

我的想法是，老師也先要有一個成功的經驗。只要有一個成功經驗，他就願意做第二個、第三個。當然，這需要時間，還有老師願意投入。如果每一個領域，只要有一個課程這樣做，特別是高年級的國語、數學，有一個單元，或整學期裡面有二週，是經過精心設計，符合我們現在課綱精神更有探究價值的課程，讓老師去做做看，就是一個很好的起步。當然老師規劃實施課程的同時，也需要專家的導入。

高年級跨領域教學，挑戰高難度，至少準備兩年

我們學生到了高年級，因為要銜接國中，老師都覺得數學超重要的，然而十二年國教課綱中國小高年級的數學節數是不夠的，很多老師就希望在彈性課程中可以補一節進來。可是依據新課綱的精神，不可以讓老師直接拿過去當成補課，非得做一些轉化才能同意。因此我們一〇九學年度就要成立數學轉成跨領域教學的社群，現在就要組合老師進行課程研發，一樣要給他們減課，一樣要有專家陪伴，也要有課程設計的時間。我們最近做了一些嘗試，比如說高年級在教速率、速度，而最近錢櫃大火就有談到煙的速度，於是老師就想要把這兩個概念結合在一起，讓學生去計算到底是人跑得快，還是煙跑得快？這樣對防災有更科學的認識。

我們學校每年還有去中正紀念堂路跑，六年級要跑兩圈四公里，算蠻長的距離，他

們要如配速？我們的數學不太會這樣教，我們數學都講平均值，很少講配速，如果我們可以結合田徑專家共同備課，讓他們真的去跑，讓他們用各種方法去估測跑兩圈是幾公里？他們可以用計步器、google map、GoPro或其他方法去估測，到時候再看誰的最準。這樣的學習就變得很有意思，而且和距離的測量概數是可以連結的。然後再把配速觀念加進來，「如果參考過去五年的紀錄，要進入前五十名，我大概要怎麼配速？」這就很生活化！

但配速不是我們老師的專長，所以一定要和不同專長的老師合作才有辦法。這要靠誰？要靠行政資源才有辦法。

所以到了高年級，像這樣跨領域的數學教學，或是其他特別難懂的課，如果能操作成這樣，那是很好的事，學科也壯大，學生學習意願也提高。不過我所說的這些都還沒有做，目前還是紙上談兵，還在為高年級實施新課綱之後的課程做準備。因為每一個課程設計至少要準備兩年，第一年做了之後，還要再修正。

我們的課程很多，學校行政也很繁重，所以我們很難每一個課程都操作到那麼精緻。坦白講，某些只能穩紮穩打。我們希望課程創新，但對我來說，就是比例的問題，比如說高年級數學一個學期有八個單元，如果有兩個單元這樣做，我就覺得很好了。老師也需要有個開始，一開始八個單元都這樣做，那太難了。

找到方法，小學生也可以當小作家

我們小朋友寫作文都是唉唉叫，第一先問「幾個字」，接下來刪節號點很多，翻了一頁，只有一個句點。他們視作文為畏途，這可說是共同的問題。但我們發現，有些事情卻可以讓小朋友願意去承擔長度長、難度高的作文。採訪稿是一個例子，另外一個是和屏東地區一些學校的魚雁往返。這個學期有二次，那邊的學生會寫信給我們，我們就分配學生回信，我們允許學生用打字的。信是有主題的，結果學生都卯起來寫，學生寫起來很有感覺，因為他們寫的東西有人看，有人看就差很多，以前寫作文要死不活的，寫信就不一樣了，因為這是有用的學習。

孩子寫作文通常會套一些東西，例如老師說一篇文章裡面要有三個成語，形式會講究，我們也不能說這樣不對，老師也是從大量經驗裡面發現這樣的。

但我卻有另一個經驗。

學生的國語課本，有一課是張曼娟的〈棉花上的沉睡者〉，在講豆芽菜，是從她寫的《黃魚聽雷》書中節錄出來的。我們就讓學生去讀那一整本很厚的書，書中描述的菜，都是一些很厲害的外省功夫菜，學生未必吃過。我們讓學生讀這本書之外，也要學生自己寫跟食物有關的文章，每個學生都要寫一篇。

張曼娟的文字，學生學不來。孩子們學到的是張曼娟如何描述食物，學她的方法。我們通常描述食物都講「五感」，嗅覺、味覺等，張曼娟有些不一樣，她會講跟這食物有關的一些知識、寓言故事、經驗，整篇文章敘事和情感不停交織，我們帶學生看這些技巧，然後模仿這些技巧，去描述自己想要描述的食物。我看到學生所寫的內容，大概就知道他在模仿張曼娟的什麼。

《黃魚聽雷》的書名和每一篇的篇名都很有趣，像〈吃得苦中苦〉，就是寫苦瓜，學生就會模仿寫出〈流血的麵〉、〈撕開我，你口水直流〉、〈九層高塔〉等。《黃魚聽雷》是整本書中，其中一篇文章的篇名。學生也用這方法，全班票選書名，得票最高的篇名，就當作書名。像〈冰雪仙子的魔法〉，是篇名，也被票選為書名。我們愛不釋手，就出版了，每班出一本書，所有學生的文章都編進去，完全沒有挑選，還申請了ＩＳＢＮ，有定價可銷售，但我們沒有向外界行銷。

出這本書真的很辛苦，但學生知道要出版，所以卯足全勁，打字、插圖、封面、文編、美編都是學生自己完成的。

這個課程叫做「還原經典——長文閱讀」。教科書裡面的這篇文章是節錄的，既然我們是國語實小，我們想在國語文上面有所突破，於是還原了原汁原味。學生讀完整本書之後，我們老師還會要求學生比較課本節錄的文章和原汁原味的文章差別在哪裡？如果是你，你會怎麼選？學生們也有很棒的發現，比如說〈棉花上的沉睡者〉這篇文章，原文裡面，他們在家裡把豆芽菜頭尾撕掉，撕掉的根放在煙灰缸上；但節錄的文章裡面就沒有「煙灰缸」這段文字。為什麼刪掉？應該是「煙灰缸」不適合出現在國小教科書裡面吧！

學生們還發現，教科書節錄的課文，將這篇文章操作得比較像記敘文，原文則比較像散文。然後老師就會問小朋友，編輯為什麼要這樣做？學生們就這樣一直認知，他們可以是讀者，同時也可以是編者、寫者、繪者。後來他們愛不釋手，還拿去兜售。

他們的學習其實是有目標的，就是新課綱所講的「用」（實踐出來）。如果那個創作文章的過程只用在班上的作文課，學生可能會覺得無趣，但若是有機會讓很多人看到，感覺就不同了。我們出版的這些文章，都沒篩選過，班上每一個學生的文章都在裡面。可以做成這樣，連低成就的孩子都覺得很光榮。這就是「成就」了「每一個」孩子。

老師做這些，都是「額外」做的，老師一直會被教科書的印象綁住，課程研發能力其實並不強，大概都停留在設計學習單階段，因此我們每一週要給老師兩節課的資源，要給人和時間的資源，否則是不可能完成這個課程的。

一個老師要如何做這件事情？他一個人看這些內容，可能怎麼看都沒有感覺。老師不一定看得出張曼娟文章的技巧，因此要有專家的引導，還要有實踐的能力。

讀原汁原味最麻煩，因為這些文章不是為教科書而寫的，作家也是不受控制的，不會出現一個很漂亮的結構。結構分析套不進來，老師就不知道該怎麼辦？我帶他們時，就跟他們說，不能用教科書那種想法，要打包這一整塊在講什麼，看出取材和情感的流動，找出這兩條線就好，其他不要。做了以後發現，這是不同的文章分析。因為我們的課文很短，文章分析榨到乾了，老師可以每個字都找出特殊意涵，可是一放到作家原汁原味的書裡面，就不是這樣了，作家才不想讓你一手掌握。

最後最有趣的是小朋友在校內兜售，他們問我可不可以，我說沒關係。他們的兜售策略，有的是一本一百元、兩本一百五十元、四本又多少元？什麼樣的策略都有，有個小朋友賣了八十八本。沒想到，他們把業務都學進來了。

八、基隆市復興國小

基隆市復興國小，是位於基隆友蚋生態園區內的一所小學。從汐止火車站到復興國小，大約六・二公里，十二分鐘的車程（google map的資訊）。行車通過五堵車站進入華新一路之後，會先經過「麗景天下」和「綠葉山莊」兩個大型社區，然後進入產業道路，沿著溪流，途中綠蔭農舍，還可見臺灣藍鵲穿梭林間。

復興國小成立於民國十一年，即將迎接百年風華。友蚋曾是煤礦產區，人口聚集，復興國小學生曾多達七百人，設有分校；但煤礦停產、人口逐年外移後，現在是一所

「非山非市」的小校，每個年級一班，還有附設幼兒園，每班人數，多則十餘人，少則不到十人，學生主要來自綠葉和麗景兩大社區及山區的孩子，仿若一所公立的森林小學。

復興國小校長蕭宏宇是一位經驗豐富的校長，他認為十二年國教課綱的核心精神，就是老師如何把學生八大智慧中的優勢智慧引導出來，成就他們。以下是他受訪的內容：（以蕭校長第一人稱呈現。訪問時間：一〇九年七月十日）

「成就」就是讓學生的優勢智慧明朗化

成就當動詞或當名詞都很好。成就當動詞，就是一個連續不斷的歷程。小朋友從進入國小到升上國中這段期間，我們可以給他們什麼東西？在給的過程，老師們怎樣看到小朋友的亮點？

八大智慧裡面提到，每個人都有不一樣的多元智慧。我們不敢講每一個小朋友在不同智慧的面向都非常卓越，所以我們會希望在學齡前、學齡中，一直到六年級這個過程當中，看看是不是能在八大智慧當中找到一、兩項，甚至更多項學生的優勢智慧（所謂優勢智慧，就是在某一項智慧裡面他的成就特別高），讓學生的優勢智慧得以明朗，這就是「優勢智慧明朗化」的概念。

成就孩子，老師要做經師也要做人師

在成就的過程當中，要不斷地潛移默化學生，不斷地檢視學生的亮點。在這個過程中，還是要回歸老師的本性和內涵。老師的內涵不是在師資養成教育中就能夠練就的，還必須在實際的教學當中有所自省和成長，同時對於新課綱的內容和精神，要有深度的瞭解。

我覺得現在的老師，就算他課程的編寫能力、系統分析能力很強，還不如一個老師他很會教學。我們說老師是一個專業的教學者，就這個層面來說，現在反而比較少人提及，而去注意到老師的課程編寫能力。

課程編寫能力，我們過往是在教師研習中心裡面學的啊！現在老師們去培養這些能力沒有問題，但回過頭來講，本身的專業教學力，還有「人師」，也就是身教，也很重要。

學習，要教學相長

老師要把孩子帶起來，成就他們，那不容易，要做經師與人師，愛與榜樣。在這裡，我還要特別提出一個「師徒制」的概念，老師和學生的互動過程，學生從老師身上學到什麼？老師從學生身上學到什麼？一般的觀念，老師比學生強，但從八大智慧的觀點，學生內在也會有一些很強的亮點，就是老師要去發掘的。當然我們不是一味地由上而下，但我也不認為完全要以學生為中心，我覺得要互為中心，教學相長。

每週一中午我都會在校長室指導學生寫書法，有一位學生書法進步很多，他剛開始寫書法的時候，都以自己為中心，但後來在團體指導教學的過程中，他開始去瞭解別人寫的字了。每當我說到別人寫的字的好壞時，他都很注意。在這次書法互動教學當中，我就感覺到他有些突破了。這書法教學，就是大家互為中心。

學習，要容許失敗

我剛入師專的時候，師專的同學都很強，我在想，是不是可以在某個區塊上稍微有點領先？我是寫書法的人，我希望在硬筆字上面下功夫，領先別人。我先用模仿的方式練習，但是再怎麼模仿也很難超越；我又想，是不是可以用寫書法的筆法去寫硬體字？於是我就用硬筆狂練書法的筆順，剛開始奇醜無比，我仍持續練習，練到後來就轉換進入到另外一個層次，我就真的超越了。

其實你寫硬筆字時，如果想到書法的筆順和輕重，再把字的結構抓穩，練一段時間，那個硬筆字的行氣，甚至那個行書的揮灑，就會出現。當然，硬筆字畢竟無法完全像書法裡面行書的正確寫法，但是有行書概念的時候，那寫出來的字，還真的很有感覺。我還沒教這個學生書法之前，看到他習作寫的鉛筆字，愈寫愈好，我就想他有沒有辦法把鉛筆字轉換到書法？練了一段時間後，還真的有可能喔！

這個過程和這個結果都是「成就」。這個過程還會持續，這個結果還會更好。這個「成就」，無論名詞或動詞，都可以持續突破。

我們是小校，班上學生少，老師教學可以關注每一個學生，找到他們的亮點，看他們在往那個方向走的時候，在旁邊扶一下，鼓勵他們不斷地去突破，不要怕失敗。就好像《第六感生死戀》電影裡面那個做陶坯的過程。容許他失敗，接受他，慢慢提醒他，讓他變成一種可能性。學生在整個學習過程中，需要老師的陪伴和方向的導引。

新課綱，我們已超前部署

新課綱在我們學校是從小一開始實施，現在實施一年了，小一老師認為教起來沒有多大不一樣。十二年國教課綱雖然去年才開始實施，但研訂的過程很長，學校大都已知道新課綱的精神，例如：

1. 培養孩子的閱讀力和理解力：讓學生閱讀一段文字，能夠瞭解其中的含意，然後再跟日常生活連結。
2. 情境化的學習：強調我們從書本上得到的知識，不要只有用在算式上面，還可以透過學習單、聯絡簿，拉到超商購物、拉到一些景點的買票、搭車等日常生活情境的連結，或是畢業旅行的規劃，要去哪些地方、哪些景點？要搭什麼車？要不要唱歌、互動遊戲？情境化的學習，還能夠讓學生體察到當前整個社會的脈動。

十二年國教課綱雖然才實施一年，但我們學校已經做到了超前部署。

復興特色教學：山野教育

我們現在一、二年級實施混齡教育，特別規劃了一個山野教育。山野教學不但和生活情境結合，而且跨了太多領域的教學，對學生知識、技能、情意的陶冶太重要了。復興小學就座落在友蚋山區，進行山野教育再適合不過了。山野教育幾乎跨了每一個學習領域，例如健康與體育的安全教育，碰到毒蛇、毒蜂的時候該怎麼辦？還有登山技巧和體能的訓練，CPR訓練；自然領域的方位辨識，迷路時該怎麼辦？友蚋山區植物、動物的認識，氣候氣象變化；友蚋山區早期產煤，現在有很多廢棄的煤礦場，社會領域可以進行採煤歷史文化的探索；山野教育還可以進行觀察、體驗和寫作，提升學生的語文素養。

我們的校園雖小，但我們位於友蚋的大自然環境中，整個友蚋山區都是我們的校園。在大自然的環境中教育我們的孩子，成就我們的孩子。

CHAPTER

4

十二年國教課綱的五大亮點與二大挑戰

新課綱從一〇八學年度開始逐年實施，實施一年下來，對於臺灣的教育，帶來了哪些改變？還要面對哪些挑戰？

上一章訪問了八所學校的校長，然而每所學校的特質不同，各校實施新課綱的改變，類似於用「微觀」的方式去觀察一個人，雖可細緻地觀察到這個人身上的每個毛細孔，卻難以看到完整的輪廓。用「宏觀」的方式雖無法觀察到每一部分的細節，卻可看到整體的輪廓。

這一章要用比較宏觀的角度來看一〇八課綱實施一年下來，對我們中小學教育所帶來的改變和要面對的挑戰。

教育部雖然是全國最高的教育主管機關，但縣市立的高中、國中和國小的主管機關卻都是縣市教育局處，地方政府對於新課綱的支持與作為，會直接影響各校推動新課綱的成效，因此縣市政府如何推動十二年國教課綱，也是需要觀察的。

新北市的人口居全國各縣市之冠，雖然是國民黨執政縣市，但新課綱上路以來，同樣以「成就每一個孩子」的教育施政願景，全力推動一〇八課綱。

新北市教育局長張明文，曾任桃園縣教育局長（他擔桃園縣教育局長時，桃園縣還沒改制為桃園市），之後進入教育部擔任中教司長（組織調整後，中教司改為師資培育及藝術教育司，簡稱藝教司，他續任藝教司長）。一〇三學年度開始實施的十二年國教免學費及免試入學，從政策規劃到上路，他都全程參與。十二年國教課綱的研訂過程，他也全程參與。

從負責落實教育施政的地方教育主管，進入規劃和研訂教育政策的教育部司級主管，然後再從中央回到地方，張明文不但嫻熟政策，也有極為豐富的執行經驗。因此本章先訪談張局長，呈現縣市政府推動一〇八課綱的現況與挑戰，最後再做一個總結。

一、縣市推動十二年國教課綱的現況與挑戰（以新北市為例）

「臺灣的教育，長期被升學主義綁架，只重視國、英、數、社會、自然等考試科目，這些學科的成績好，就被肯定，這些學科的能力不好，很容易被放棄。但是每個人的潛力、性向和興趣都不同，長期以來被學科綁架的教育，很多人才被埋沒了。」張明文說，一〇八課綱要成就每一個孩子，新北市全力支持推動。以下是他的受訪內容：

因應新課綱上路，教育局做了什麼努力？

1. 建構新課綱發展支持系統

新課綱上路，改變最大的是高中課程。為了因應新課綱上路，新北市於一〇五學年度率全國各縣市之先，成立課程發展工作圈及十個高中學科的「課程發展中心」，協助學校和教師成立學習社群和增能工作坊，研發跨領域和探究與實作的課程模組，並到校分享課程研發經驗和輔導操作。另外在國中和國小部分，也分別成立了課程工作圈和核心小組，協助老師發展課程。

2. 活化與強化新課綱教師專業發展

教師根據課程和教材進行教學，教師是整個教學活動的核心，新課綱調整為素養導向的教學，如何讓教師具備素養導向教學的認知和能力？這是教育局的重要責任，因此在新課綱上路前，教育局就辦理了各類型素養課程教學研習，活化強化教師在新課綱方面的專業發展。

3. 投入資源並進行資源整合

例如，為了發展學校特色與創新教學，新北市投入了大筆資源啟動「新北創新教育加速器計畫」。為了全面提升學生基本學力，新北市也投入資源推動「新北學力ＵＰ支持計畫」。另外在生活科技教育和資訊教育，以及媒合大學與高中合作開課方面，也都持續投入資源並進行資源整合。

新課綱實施一年後，新北市的教育產生了什麼變化？

1. 素養導向的教學和命題已在中小學校扎根

一〇八課綱最核心的改變，是「素養導向」的教學。素養導向的教學如何進行評量？如何命題？是教師們這一年極關心也極投入的工作。為了協助老師充實這方面的專業能力，新北市領先全國完成了《素養導向命題示例彙編》，這個彙編不但對新北市的老師進行新課綱的教學評量非常有幫助，也幫助了許多其他縣市的老師。

推動新課綱的素養教學之外，新北市也同樣重視學生的基本能力，透過「新北學力

UP支持計畫」，學校組成監控小組、並由教育局網羅專家學者共同協助學校進行學力診斷，提供學校策略與建議。

2. 老師必須學習將議題融入課程

新課綱裡面有一項讓老師感到相當困難的，是如何將新課綱所列的十九項議題融入到課程裡面，培養學生的批判思考的能力。十九項議題包括：性別平等、人權、環境、海洋、品德、生命、法治、科技、資訊、能源、安全、防災、家庭教育、生涯規劃、多元文化、閱讀素養、戶外教育、國際教育、原住民族教育。

素養導向教學強調，知識要能活用於日常生活且能解決問題，但是各領域課程的教科書，編輯加上審定的時間，五年之內的新資訊很難成為教科書的素材。在當前資訊快速且大量流動的環境下，大家想想，教科書裡面的素材都是五年、甚至更久以前的資訊，如何讓我們的孩子跟得上社會的脈動和變化？因此十九項議題融入各領域課程，是讓我們孩子擁有前瞻性視野，讓知識活用於當前生活中非常重要的一環。為了協助學校進行議題融入課程的教學，新北市蒐集彙整了議題融入課程的教學資源，供教師參考。

3.「探究與實作」課程翻轉過去的教學觀念

新課綱非常重視學生解決問題的能力，如何提升學生解決問題的能力，就是要學生親自去探究問題並親手去做實驗，在探究與實作中去尋求問題的答案。為了協助學校推展「探究與實作」課程，新北市的自然領域課程發展中心組成了「探究與實作議題小組」，發展全國首例「自然探究與實作課程模組」，並開發三門新北市學校適用的課程模組，推廣市內自然領域教師參考使用，未來再進一步搭配大學考招連動，針對PISA擇要做試題研發分析，協助現場教師操作課程，並同時做評量規劃。

4.學校發展多元特色課程

新課綱賦予學校更多彈性空間，學校能發展適合自己的多元課程，像國中學校的彈性課程、閱讀教育、外師雙語課程及科技領域教育，以及高中端會開設大量的多元選修並對應到大學的十八學群面向。

5. 豐富學生學習歷程檔案

新北市每天都掌握學校在校務行政系統上傳檔案的進度，也告訴學校一〇八學年度就是以鼓勵學生上傳學習歷程檔案為主，並請課程發展中心提供各式課程學習成果樣態給學校教師參考，提醒教師要慢慢引導學生把相關資料做好，讓大學看到學生在高中階段學會什麼、有哪些學習反思，特別是撰寫計畫這部分。這些都是未來要協助教師發展的關鍵。

6. 適性輔導學生選擇數A或數B

目前教育部定調大學考招從一〇八至一一一年階段，是採取漸進式微調，今年五月剛公告大學科系採計數A或數B，學校內部會重新討論課程配置。最重要的是協助學生做好適性輔導，現在不是考什麼比較有利的問題，而是學生瞭不瞭解未來科系需要的能力是什麼。同樣地，大學端也要更瞭解高中現場的改變。

7. 引導學生「學會如何學習」

自主學習是非常重要的事，學校教師透過定期辦理的教師增能培力工作坊，知道怎樣去引導學生「學會如何學習」，讓學生擁有終身學習的能力和習慣。

8. 教師更重視共備成長

進行跨域跨校的專業社群與專業回饋，學校已能結合公開觀課，協助教師專業發展，增進教學品質，甚至請大學師長到高中觀議課，實際瞭解因應高中課程產生的變革，以及多元教學成果表現，做為大學擇才標準的參考。

9. 跨域跨校跨學制成為重要學習模式

新課綱實施後，跨校、跨學制、跨領域學習已成為重要的學習模式。為了媒合大學與高中互動學習，新北市透過論壇方式，媒合了二十一所高中和十九所大學進行各項教學的合作計畫。今年更配合大學招生專業化計畫，共提供十校十六門各種類型新課綱課程，主動邀請北區各大學院系教授入校觀課，得到很大迴響，就是要讓大學看到新北市高中課程的亮點與努力，將來還會多辦類似這樣的活動。

推動新課綱面臨的挑戰

1. 一一一學年度的大學考招，將成為各校素養教學、學生學習歷程檔案及適性輔導學生選擇數A或數B，能否繼續正向推展下去的關鍵

一〇八課綱上路後，家長們都非常關心一一一學年度的大學考招問題。教育局和學校現在都信賴一一一學年度的大學考招，會正向回應高中端在新課綱上面所做的努力，因此在素養導向教學、學生學習歷程檔案、適性輔導學生選擇數A或數B、以及探究與實作和多元選修課程等各方面，都做了上述的努力。但因一一一學年度的大學考招還沒完成，所以現在不僅是家長，學校和教育當局也非常關心。

2. 新課綱課程評鑑的實施

實施新課綱之後，學校的教學成效如何？必須透過評鑑。然而，學校一聽到課程評

鑑就會很緊張，覺得又是行政負擔。如何進行評鑑，既不會讓學校緊張，又不會造成學校行政負擔？這對教育局是一大考驗。

針對新課綱的課程評鑑，新北市教育局現在採取支持鼓勵原則，提供學校新北市的課程評鑑模板、實施要點，研擬進行課程評鑑的SOP，就是告訴學校重點不在於評鑑要多少資料，而是怎麼透過評鑑去支持教師檢視修正課程。現在中央有提供像後期中等資料庫的數據給學校做為參考，希望中央未來也可以提供不錯的各類型學校的課程評鑑實施範例，共同降低學校教師的焦慮。

二、總結

十二年國教課綱實施一年以來，為臺灣教育帶來了哪些改變？綜合前面各章內容重點，可歸結出新課綱的五大亮點和二大挑戰。

亮點一：學生是教育的主體

新課綱的願景寫得非常清楚明確：成就每一個孩子——適性揚才、終身學習。「成就每一個孩子」比「有教無類」和「因材施教」更白話、更容易理解。教育的主角就是每一個孩子，新課綱訂定這個願景，新課綱的所有內容設計，都必須從每一個孩子的學習權出發，讓所有孩子的天賦都能有所發揮。雖然這是一條艱難的路，但我們的教育必須朝這個方向邁進，不要再讓升學主義戕害我們的孩子，讓每一個孩子都有機會做最好的自己。

亮點二：素養導向的教學

素養是完成一件事情，或解決一個問題的能力。換句話說，就是活用知識的能力。上一章提到，中崙高中老師出了一道暑假作業，要學生選一名歷史人物來代言現代的商品。有一個學生，選了漢朝的張騫來代言現代的慢跑鞋。這就是引導學生活用知識的素養教學。

素養導向教學是非常大的教育翻轉，學習不是死背知識，也不是只為了考試；現在的學習，要能將知識和技能活用於日常生活，能夠解決問題，學生能夠自發主動學習，具有關懷利他等等的態度和品格。

亮點三：引導學生自主學習

聯合國教科文組織提出二十一世紀的五大學習支柱，第一項就是learning to know. 學會如何學習，也就是自主學習。新課綱規劃的彈性學習時間，可做多種用途，其中一項就是要引導學生如何自主學習。

胡適在他的〈讀書的方法〉一文中，有以下幾段敘述，可說是自主學習的最佳註解：

「我常說：發表是吸收知識和思想的絕妙方法。吸收進來的知識思想，無論是看書來的，或是聽講來的，都只是模糊零碎，都算不得我們自己的東西。自己必須做一番手腳，或做提要，或做說明，或做討論，自己重新組織過，申敘過，用自己的語言記述過，那種知識思想方才可算是你自己的了。

我可以舉一個例。你也會說『進化』，他也會談『進化』，但你對於『進化』這個觀念的見解未必是很正確的，未必是很清楚的；也許只是一種『道聽塗說』，也許只是一種時髦的口號。這種知識算不得知識，更算不得是『你的』知識。假如你聽了我的話，不服氣，今晚回去就去遍翻各種書籍，仔細研究進化論的科學上的根據；假使你翻了幾天書之後，發憤動手，把你研究所得寫成一篇讀書札記；假使你真動手寫了這麼一篇『我為什麼相信進化論』的札記，列舉了：

一、生物學上的證據；
二、比較解剖學上的證據；
三、比較胚胎學上的證據；
四、地質學和古生物學上的證據；
五、考古學上的證據；

六、社會學和人類學上的證據。

到這個時候，你所有關於『進化論』的知識，經過了一番組織安排，經過了自己的去取敘述，這時候這些知識方才可算是你自己的了。」

在資訊大量且快速流動的現在社會，自主學習是提升個人學養的重要門徑，新課綱要老師在彈性學習時間引導學生自主學習，是非常重要的亮點。但是在引導學生自主學習之前，老師本身必須先掌握住自主學習的要領。

亮點四：新增科技領域

新課綱的學習領域，從國中開始，新增了一個科技領域，學習運算思維、程式設計等未來趨勢所需的知識。

日本趨勢大師大前研一說，專業人才必須具備的條件包括：語言力（英語能力）、財務力、解決問題的能力和使用資訊科技的能力。

運用科技方法，可以幫我們大量地蒐集、整理、分析資訊，並協助我們解決問題。課綱必須與時俱進，一〇八課綱新增的科技領域（包括生活科技和資訊科技），是符合時代趨勢的一大亮點。

亮點五：重視探究與實作

愛迪生是偉大的發明家，他從小就愛問為什麼，也愛親自做實驗。如果沒有這種探究與實作的精神，他不可能發明那麼多東西，為人類創造那麼大的貢獻。創造發明需要經過一次又一次的實驗，過程是辛苦的，所以他有一句名言：天才是百分之一的天分和百分之九十九的後天努力。

學習最重要的是過程，但在升學主義之下的教育，因為考試要有標準答案，所以重視的反而是結果，甚至自然領域的實驗課程，也是用記憶、而非實驗的方式來學習。新課綱在高中的自然科學領域，首創探究與實作課程，課程學習內容必須以七個跨科概念（物質與能量、系統與功能、構造與穩定、構造與功能、交互作用、科學與生活、資源與永續）進行設計，並包含「發現問題」、「規劃與研究」、「論證與建模」到「表達與分享」等四個步驟，利用生活素材設計課程，再以提問引領學生從觀察到推測成因，提出可驗證的（verifiable）問題與進行探究設計，這有別於過去傳統的實驗，更能引導學生落實生活應用及問題解決的能力。

挑戰一：一一一學年的大學考招能否呼應高中的素養教學和學生學習歷程檔案？一一一學年度國中教育會考的生活情境題能否呼應國中的素養教學？

一〇八學年度進入高一的學生，一一一學年度要參加大學考試招生。因為一〇八課綱調整為素養導向教學，一一一學年度的大學學科能力測驗和分科測驗，也都必須調整為素養導向命題。高中的素養導向教學能否順利推展，一一一學年度的學測和分科測驗命題是重要的指標。

一一一學年度的大學招生還有一項重大改變，就是申請入學的備審資料，都建置在學生學習歷程檔案裡面，目前各高中學生都非常認真地表現個人的學習特質，建置在學習歷程檔案裡面，屆時大學端選才時若能善用這些資料，高中端就更能建立自己的教學特色，學生也更能依據自己的興趣和性向選課。因此，一一一學年度的大學申請入學，高中學生學習歷程檔案能夠發揮多大的效益，也是重要的觀察指標。

雖然有高中校長說：「你大學要怎麼考招，我們高中就怎麼去教。」但這絕不是我們樂見的。所謂考招連動，基本上，是大學招生應考量高中的教學現場進行選才，這段時日以來，在教育部的協調、呼籲和大學與高中之間的互動溝通下，高中教學現場的改變，確實正在影響大學的考招。

此外，一〇八學年度進入國一的學生，一一一學年度也要參加教育會考。一一一學年度的教育會考包含「學科基本概念題」和「生活情境題」。基本概念題評量學生的基本素養，生活情境題評量學生帶得走的能力。會考命題同樣會引導國中的素養導向教學，因此一一一學年度教育會考中的生活情境題，能否呼應學校的素養導向命題，也是重要觀察指標。

挑戰二：國中生升學高中為何不能把高中升學大學的精神銜接起來？國中教

育仍然被教育會考綁死？

新課綱的願景是成就每一個孩子，成就每一個孩子的先決條件是適性揚才和終身學習。適性揚才是讓孩子依據他們的興趣性向，以及多元智慧的強項去發展。在我們的學制裡面，國中升高中是第一次重要分流，國中畢業後的升學，可以選擇普通高中、綜合高中、技術高中或特色高中，而技術高中的類科又分得更加細緻。第二次重要分流是高中升大學。

在臺灣，考試引導教學是根深蒂固、牢不可破的。考試引導教學本身沒有對錯好壞，填鴨式的命題，引導出來的就是填鴨式的教學；素養型的命題，引導出來的就是素養型的教學；同樣地，大學申請入學要參酌學生學習歷程檔案，學校的教學就會重視這一塊。

在高中升大學這個階段，為了引導高中教學多元、學生學習適性，不但建置了學生學習歷程檔案，大學申請入學還必須參酌檔案中的資料。

反觀國中升高中這個階段，升學的主要依據幾乎都是會考成績。即使是類科眾多的技術高中，主要也是依據會考成績。因此新北市三重高中校長莫恒中說，國中升高中的考招沒有跟著調整，擔心國中的彈性課程和會考以外的科目被會考綁死。我們不能為了考試公平，卻壓抑了孩子適性發展和多元學習的機會。

「國中教育也要為長期的生涯發展做準備，國中教育不能只是為了準備短期的升學考試。」臺北市中崙高中校長孫明峰說得貼切，「大學考招要參酌學生學習歷程檔案，現在全國各高中學生都在做學習歷程檔案。其實回過頭來，現在國中也可以做啊！而且愈早做愈好。」

我認識一位陶藝家，他有一個女兒從小就學鋼琴、古箏，幾乎每天練習，沒有中斷。到了國中三年級的時候，她的鋼琴和古箏已經到達相當高的水準了。有一天，這位陶藝家跟我說，他內心十分痛苦矛盾，因為孩子要準備會考，如果繼續讓她每天練琴，擔心成績考差了，進不了好學校；但是讓她暫時中輟練琴去補習功課，又非常可惜，而且不是孩子想要的。結果，他還是忍痛讓孩子去補習功課準備會考。

會考結束了，有一天這位陶藝家非常難過地跟我說，「我真後悔要我女兒中輟練琴，她的琴藝退步了，會考也沒考好！」

這就是多位校長擔心的，教育會考綁住了學生多元適性發展的機會。

孫明峰校長說得很好，人才培育不是只有考試分數而已，可惜高中學生學習歷程檔案納入升學參採的設計，並沒有往下延伸到高中入學部分，國中生升學高中如何把高中升學大學的精神銜接起來，非常重要，而且是短期之內必須展開的事，否則學校老師的教學，還是會被教育會考的最低錄取分數綁住，影響新課綱多元適性的發展。

毛高文部長推動國中生自願就學方案，要採計學生在校表現，遭到外界質疑公平性有問題而受挫；現在時空背景和就學的條件不同了，但國中升高中的考招是否能夠銜接高中升大學的精神，參採學生在校表現？仍是教育當局極大的挑戰。

教養生活65

素養教育：
成就每一個孩子（十二年國教一〇八課綱的願景與挑戰）

作　者—韓國棟
責任編輯—廖宜家
副 主 編—謝翠鈺
美術編輯—菩薩蠻數位文化有限公司
封面設計—斐類設計工作室

董 事 長—趙政岷
出 版 者—時報文化出版企業股份有限公司
108019 台北市和平西路三段二四〇號七樓
發行專線—（〇二）二三〇六六八四二
讀者服務專線—〇八〇〇二三一七〇五
（〇二）二三〇四七一〇三
讀者服務傳真—（〇二）二三〇四六八五八
郵撥—一九三四四七二四時報文化出版公司
信箱—一〇八九九　台北華江橋郵局第九九信箱
時報悅讀網—http://www.readingtimes.com.tw
法律顧問—理律法律事務所　陳長文律師、李念祖律師
印　刷—勁達印刷有限公司
初版一刷—二〇二〇年十月二十三日
定價—新台幣三二〇元

時報文化出版公司成立於一九七五年，
並於一九九九年股票上櫃公開發行，於二〇〇八年脫離中時集團非屬旺中，
以「尊重智慧與創意的文化事業」為信念。

素養教育:成就每一個孩子(12年國教108課綱的願景與挑戰) / 韓國棟作. -- 初版. -- 臺北市: 時報文化, 2020.10
面；　公分. -- (教養生活；65)
ISBN 978-957-13-8394-1(平裝)

1.國民教育 2.課程綱要 3.教學研究

521.7　　109014561

ISBN 978-957-13-8394-1
Printed in Taiwan